중1 학습
완전 정복

북오션은 책에 관한 아이디어와 원고를 설레는 마음으로 기다리고 있습니다. 책으로 만들고 싶은 아이디어가 있는 분은 이메일(bookrose@naver.com)로 간단한 개요와 취지, 연락처 등을 보내주세요. 머뭇거리지 말고 문을 두드리세요. 길이 열릴 것입니다.

중1 학습
완전 정복

초판 1쇄 발행 | 2016년 1월 29일
초판 2쇄 발행 | 2016년 2월 22일

지은이 | 이지은
펴낸이 | 박영욱
펴낸곳 | 북오션에듀월드

편 집 | 권희중 · 이동원
마케팅 | 최석진 · 임동건
표지 및 본문 디자인 | 서정희 · 심재원
세무자문 | 세무법인 한울 대표 세무사 정석길(02-6220-6100)

주 소 | 서울시 마포구 월드컵로 14길 62 (서교동), 4F
이메일 | bookrose@naver.com
페이스북 | facebook.com/bookocean21
블로그 | blog.naver.com/bookocean
전 화 | 편집문의: 02-325-9172   영업문의: 02-322-6709
팩 스 | 02-3143-3964

출판신고번호 | 제2015-000126호

ISBN 978-89-6799-249-1 (43370)
세트 978-89-6799-248-4 (44370)

중1 학습
완전 정복

이지은 지음

북오션
에듀월드

'최고의 나'를 만들어 주는 공부법

　"중학교에 올라와서 공부를 열심히 하고 싶은데 정말 어떻게 해야 할지 모르겠어요. 나름 인터넷도 찾아보고, 책도 사서 봤는데 너무 어려워요."

　'공부 좀 해보겠다'는 중1 학생들의 공통적인 하소연이다. 그러나 이런 학생들이 찾아보는 유명한 공부법 사이트는 거의 고등학생 중심으로 돌아가고, 공부법 책의 내용은 고수들의 비법을 소개한 것들이 많아 공부 초보자인 중1 학생들에게는 버거운 경우가 많다.

　공부법 책도 교과서처럼 학년별로 나눠진다면 좋지 않을까?

　그렇다면 당장 적용하기 어려운 내용을 읽으면서 열등감을 느끼지 않아도 될 것이고, 또한 이미 알고 있는 내용을 읽으며 지루해하지 않아도 될 것이다.

지금까지 열 권이 넘는 공부법 책을 쓰면서 학년별 구분을 해본 적은 없었다. 공부란 저마다 맞는 방법이 다른 것이어서 지나치게 세분화하는 것은 바람직하지 않다고 생각하지만, 그래도 '이건 1학년들이 꼭 읽었으면 좋겠는데'라고 생각했던 적이 없었던 것은 아니다.

상담이나 강의를 통해 학생들을 만날 때는 그 학년에 필요한 이야기를 하게 마련이니 유독 책에서만 학년을 나누지 않았던 것이 지금 생각해보면 오히려 이상한 것이었다.

이 공부법 시리즈에는 각 학년의 특징을 고려해 중고등 공부를 시작하는 1학년에게는 '공부의 기본', '중2병'에 시달리는 2학년에게는 '슬럼프 극복하기', 고등학교 진학을 앞두고 있는 3학년에게는 '고등학교 공부 준비'라는 부제를 달았다. 따라서 해당 학년이 아니라도 자신에게 필요한 내용이 있다면 그 책을 선택함으로써 손쉽게 공부법을 터득할 수 있을 것이다.

이 책에는 중1 학생들을 만날 때마다 했던 이야기들을 담았다. 수업 집중과 예습, 복습, 시험공부 등 공부의 기초에 해당하는 내용들이다. 꼭 중1뿐 아니라 2, 3학년이나 고등학생들도 공부의 기초가 필요하다면 읽어야 할 내용이기도 하다.

그렇다고 해서 1학년이 이 책의 내용을 모두 알아야 한다거나 그대로 공부해야 한다는 것은 아니다. 이미 내가 잘하고 있는 방법이 있다면 그 학생에게는 그것이 진리다. 이 책의 필자인 나를 포함해 책에 쓰여진 모든 내용을 완벽하게 실천할 수 있는 사람은 이 세상에 아무도 없다. 즉 책의 내용을 참고하여 내가 행동으로 옮길만한 것들을 추려내고, 그것들을 직접 실행해보며 가감을 하는 과정을 거쳐야 하는 것이다.

중1, 얼마나 설레고 여리며 또 어른스러운 시기인가? 사춘기의 문턱에서 본격적인 공부가 시작되었으니 자존심 상하는 시행착오도 많을 것이다. 그래도 어쩌랴? 어른이 되기 위해서는

누구나 거쳐야 하는 과도기이고, 우리는 공부를 하며 그 시기를 지낸다. 공부를 하며 나를 알아가고 나의 한계를 시험해보자. 공부를 하는 과정속에서 성실과 겸손의 의미를 다시 배우게 될 것이다.

　이제 나를 만들어가는 노력, 그 첫 번째로 내 성적을 만드는 노력을 시작하자!

2016년 1월

이지은

머리말 • 04

3장   학교생활 노하우

4장   학교에서 돌아오면 이렇게

8장 사교육 제대로 활용하기

9장 1학년이 해야 할 진학 준비

명심하자. 공부는 내가 직접 해야 한다. 선생님이 문제풀이 하는 것을 보기만 해서는 안 되고 반드시 내가 풀어봐야 한다는 말이다. 스스로 공부하는 습관을 들이자.

1장

중학 생활
시작하기

이제 어린이가 아니다

스스로 공부하기를 두려워 말자

최선을 다하는 습관

문제집 구입은 이렇게

예체능 학원은 당연히 그만둔다?

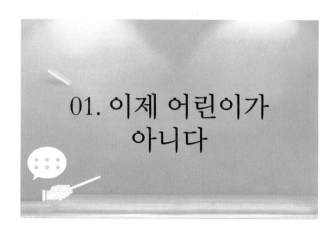

01. 이제 어린이가 아니다

화창한 5월, 중학생이 되어 맞이하는 어린이날은 어색하고 쓸쓸하다. 중간고사가 끝난 직후여서 성적에 대한 충격이 아직 남아있는 상태인데다 아무도 어린이날을 챙겨주지 않기 때문이다. 승원이는 이제 어린이가 아니라는 생각에 서운한 마음이 든다고 했다.

"작년에는 어디에 가도 선물을 받았거든요. 학교에서 주는 선물도 있었고 우리 반만 받은 선물도 있었어요. 학원에서도 뭘 주고 교회에서도 주고 가방이 빵빵했었는데……, 중학생이 되니까 아무것도 없어요. 딱 한 살 더 먹은 건데 이렇게 달라질 수가 있어요?"

어딜 가나 받을 수 있었던 간식이며 학용품 등의 선물과 항상 친절하게 대해주었던 사람들. 너무나 당연한 건 줄 알았는데 사실

승원이는 13년 동안 '어린이'라는 특혜를 누려왔던 것이다.

"5, 6학년 때는 어린이날 행사한다고 모이라 그러면 진짜 싫었어요. 이상한 율동이나 시키고 유치했거든요. 물론 율동 안 하는 건 좋은데 갑자기 달라지니까 좀 그래요. 중학교에 오니까 선생님들도 무뚝뚝하게 할 말만 딱 하고요. 책에도 이래라 저래라 반말로 써 있어요."

중학생이 되면 다 큰 청소년 취급을 받는다. 초등학교는 모든 학생의 다양성을 고려하며 무엇이든 권장하고 격려하는 분위기지만 중학교에서는 교과 공부의 효율성을 강조한다. 선생님들도 상냥하지 않으며 선배들도 무섭고 공부든 무엇이든 자세히 안내해주지 않는다. 모르는 것을 친절하게 두 번 세 번 설명해주던 시절은 끝이 난 것이다. 이제는 스스로 모르는 것을 체크해서 두 번 세 번 반복해야 한다. 웬만한 실수는 누구나 그럴 수 있다며 넘어갔었는데 이제는 실수가 점수를 깎아먹는다.

야속하지만 어쩌랴? 큰 만큼 큰 세상에 나온 것이다. 큰 세상은 거친 법이고 거친 환경은 성숙한 사람을 만들어낸다. 중학생이 되었으니 중학생답게 행동하자. 선생님이 무섭다면 허점을 보이지 않으면 된다. 내 할 일 내 공부를 스스로 챙기다 보면 잔소리 들을 일도 없다. 혼자 알아서 해야 한다는 것이 지금은 외롭고 답답하겠지만 외로움은 점점 자유로움이 될 것이고 답답함을 벗어나려는 노력은 노하우를 만들어낼 것이다.

중학 생활이 서운하고 자존심 상하고 속상할 때마다 다짐하자.

더 열심히 하겠다고!

더 완벽해질 거라고!

다 이겨버릴 거라고!

야무진 중학 생활 시작하기 십계명

1. 중학교는 과목마다 선생님이 달라 다른 과목의 숙제나 준비물을 담임선생님께 물어볼 수 없다. 무엇을, 언제까지, 어떻게 해야 하는지 스스로 알림장을 적자.

2. 바쁜 아침에 가방을 챙기면 무언가 하나씩 빠지게 마련이다. 잠들기 전, 반드시 책가방을 미리 싸두자.

3. 질문을 두려워 말자. 모르는 것을 친구들에게 물어봐도 모르긴 마찬가지다. 질문을 하기에는 수업 전후가 적당하고, 기회를 얻지 못했다면 교무실로 찾아가자.

4. 매시간 수업 전후 인사는 제대로 하자. 대충 웅얼거리고 마는 인사는 의미가 없다. 선생님을 바라보며 가능하면 눈도 마주치자. 그것만으로도 선생님들은 나를 눈여겨본다.

5. '초등학교 때는 이랬었는데'라는 생각에서 벗어나자. 예전

생각을 자주 하는 것은 불만을 증폭시킬 뿐이다. 중학생이 되었으면 중학교의 방식에 빨리 익숙해져야 한다.

6. 좋은 선배를 사귀자. 선배는 학교생활이나 공부 방법 등에 친밀한 도움을 줄 수 있는 사람이다. 선배들을 만날 기회가 있다면 반드시 친분을 쌓아두자.

7. 같은 선생님이 들어가는 반끼리는 준비물을 빌리는 경우가 많다. 교과서, 유인물은 물론 체육복, 물통 등 모든 소지품에 자기의 이름을 써두자.

8. 중학교는 초등학교보다 등하교 거리가 더 멀어진다. 꼭 차를 타야 하는 경우가 아니라면 걷자. 걷기는 두뇌를 활성화시켜 학습력을 높일 뿐 아니라 걷는 동안 생각을 정리하거나 암기를 할 수도 있어 좋다.

9. 밥은 제때 집에서 먹자. 아침을 거르면 매점을 찾을 수밖에 없고, 방과 후 학원 수업이 이어지면 저녁은 편의점에서 때우기 일쑤다. 이것이 반복되면 성장에 지장을 줄 수밖에 없다. 특히 중학교 시기는 두뇌 성장이 급격히 이루어지는 때이므로 식사에 신경을 써야 한다.

10. 중학생답게 행동하자. 동생을 놀리거나 편식하는 것, 검사받는 쪽만 숙제를 하는 것은 유치한 행동이다. 중학생이 되었으니 생활의 모든 면에서 어린애 티가 나지 않도록 하자.

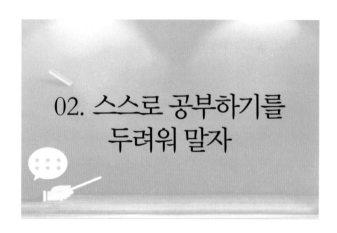

02. 스스로 공부하기를 두려워 말자

언젠가 중1 학생들을 대상으로 한 강의에서 받았던 질문이다.

"국어, 영어, 수학는 학원에서 하니까 괜찮은데 도덕, 기술, 가정 같은 건 어떻게 공부해요? 그런 과목은 인터넷 강의도 없어요."

그러면 사회와 과학은 어떻게 하느냐고 묻자 평소에는 인터넷 강의를 듣고, 시험 기간에는 학원에서 특강을 해준단다. 전형적인 중1의 모습이다. 중학교에 들어와 어떻게 공부해야 하는지 모르니 어쩔 수 없이 학원에 가고, 학원을 못 다니면 컴퓨터 화면 안에 있는 선생님이라도 만나야 마음이 놓이는 것이다. 내 공부를 가장 잘할 수 있는 사람은 나임에도 불구하고 중학교 공부에 대한 부담 때문에 자신감을 모두 잃어버린 것이다.

하지만 잘 생각해보자. 학교에 가는 것도 나고, 수업을 듣는 것도 나고, 시험을 보는 것도 나다. 그리고 시험문제를 내는 사람은 학교 선생님인데 학원이나 인터넷 강의에 의지해 공부를 한다는 것이 좀 이상하지 않은가? 중1이 공부에 서툰 것은 당연하다. 그것은 자전거를 처음 타는 사람이 비틀거리며 넘어지는 것처럼 자연스럽고 당연한 일이다.

공부가 욕심만큼 잘 되지 않아 답답하지만 공부도 하다 보면 능숙해지는 법이다. 자전거 배우기가 그렇듯 공부도 자꾸 해봐야 한다. 공부를 잘하기 바라면서 학원 수업만 열심히 듣는 것은 마치 자전거를 잘 타기 바라면서 직접 타지는 않고 친구가 타는 걸 보기만 하는 것과 같다.

명심하자. 공부는 내가 직접 해야 한다. 선생님이 문제 푸는 걸 보기만 해서는 안 되고 반드시 내가 풀어봐야 한다는 말이다.

내가 직접 교과서를 읽어봐야 하고, 어떤 부분에서 이해가 안 되는지 스스로 생각해봐야 한다. 또한, 문제집 번호 앞에 붙은 난이도 표시나 학원 선생님이 강조하는 자주 틀리는 문제는 일반적으로 그렇다는 것일 뿐 나에게 최적화된 것은 아니다. 내가 직접 문제를 풀어보고 나에게 맞도록 난이도 표시를 해야 하며 내가 자주 틀리는 문제는 직접 골라내야 한다.

중학생이 되어 제대로 공부하고 싶다면, 그래서 공부를 잘하고 싶다면 스스로 공부하기를 두려워하지 말자.

스스로 공부하기 실천 십계명

1. 수업은 구경하는 것이 아니다. 학교 수업이든 학원 수업
   이든 배울 부분을 미리 공부하자. 수업은 내가 예습을 제
   대로 했는지 확인하는 과정이어야 한다.

2. 전혀 모르는 내용이 아니라면 선생님이 문제를 푸는 동안
   나도 함께 문제를 풀어야 한다. 보는 것에 그치지 말고 손
   을 움직여 연습장에 직접 풀자.

3. 어려운 문제는 몇 번이고 다시 풀어본다. 문제집을 펼쳐
   유사한 문제들을 찾아보고 내가 갖고 있는 문제집이 부족
   하다면 친구들, 선생님의 문제집을 빌려보자.

4. 문제집의 난이도 표시에 위축되지 말자. 남들에게는 어려
   워도 나에게는 쉬울 수 있으며 반대의 경우도 있다.

5. 그냥 모르는 문제는 없다. 무턱대고 별표를 치지 말고 어
   떤 부분을 모르는지 구체적으로 표시하자. 무엇을 모르는
   지 생각하는 것만으로도 훌륭한 공부가 된다.

6. 계획을 지키지 못하는 것은 당연하다. 좌절하지 말고 계
   획을 수정하자. 반복적으로 수정하다 보면 점점 실천율이
   높아지고, 나에게 맞는 계획을 세울 수 있게 된다.

7. 책을 펼치고 나서 어떻게 공부해야 할지 막막하다면 익숙한 내용, 조금이라도 아는 부분부터 시작하자. 일단 그렇게 시작하면 꼬리에 꼬리를 물어 전체를 다 공부할 수 있게 된다.

8. 진도 나간 것을 공부했다고 착각하지 말자. 수업을 들었다면 반드시 복습을 하고 스스로에게 완전히 공부했다는 확인 도장을 받아야 한다.

9. 숙제도 공부다. 적당히 풀어서 분량을 채우겠다는 생각은 버리자. 조용한 시간에 바른 자세로 숙제를 하며 검사를 하지 않는 숙제도 성실히 하자.

10. 공부하는 동안 보람과 은근한 쾌감이 느껴졌다면 일단 성공이다. 문제가 풀리는 재미, 이전에 배운 것과 연결되는 재미, 공부하는 재미에 익숙해지자. 공부를 잘하려면 공부하는 재미를 알아야 한다.

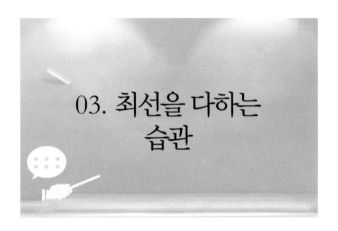

03. 최선을 다하는 습관

　서울 강남의 한 중학교, 1학년 차지은 선생님네 반은 뭘 하든 항상 1등이다. 학교 시험은 물론 환경 미화, 체육대회, 심지어 재해 난민 돕기 기금 마련을 위한 폐품 모으기를 했을 때도 1등을 했다. 학생들 사이에서는 이미 유명한 선생님이어서 윤승이가 그 학교에 배정받았다고 했을 때 선배들은 이렇게 말했었다.

　"너, 차지은 선생님 조심해라. 작년에 그 선생님 반 애들 진짜 장난 아니었어. 이번에도 1학년 맡는다고 하던데 너희 반에 딱 걸리면 어떡하냐."

　설마 했지만 정말 윤승이는 차 선생님 반에 딱 걸리고 말았다.

　"그래도 공부는 열심히 하게 될 거야. 엄청나게 시키거든."

　선배가 위로랍시고 던진 말이었다. 그러나 윤승이는 무서운 선생님을 만나 열심히 공부하게 된 것이 차라리 다행이라고 생각했다. 중학교에 가면 공부만 열심히 하겠다고 다짐을 했었기 때문이다. 하지만 입학 후 윤승이가 겪어 본 차 선생님은 무조건 공부만 시키는 분이 아니었다.

"진짜 귀신같아요. 뭐 하나 대충 넘어가는 법이 없다니까요."

차 선생님은 환경 미화를 할 때는 창문마다 번호를 붙여 담당을 정해 닦게 하고, 깨끗하지 않은 창문은 몇 번이고 다시 닦게 했다. 또 폐품 모으기를 할 때는 어려운 사람들을 돕기 위한 것이니 한 사람도 빠지지 말고 모두 가져와야 한다고 못을 박았을 뿐 아니라 조금 가져와서는 안 되고 집안 구석구석을 뒤져서 두 손으로 겨우 들 만큼 무겁게 가져오라고 했다. 심지어 그만한 무게를 가져오지 않은 아이들은 다시 가져오라며 돌려보냈다.

다른 것들이 이 정도니 공부는 오죽할까? 시험날이 다가오면 과목마다 날짜를 정해 요약정리며 문제 풀이 등 자기의 공부 흔적을 제출하게 했고, 문제집은 짝과 바꿔보며 한 사람이 두 권 이상의 문제집을 공부하게 했다. 그밖에 스마트폰 사용 시간 부모님에게 확인받기, 성적이 떨어진 과목 보충 공부 등 윤승이네 반 아이들은 쉴 틈이 없었다.

차 선생님은 왜 이토록 아이들을 달달 볶는 걸까? 몇몇 아이들은 1등 반 담임이 받는 보너스 때문에 애들을 잡는 거라며 선생님을 싫어했다. 정말 돈 때문일까? 차 선생님의 말씀은 모든 중1이 새겨듣기에 충분한 가치가 있다.

"열심히 하는 건 태도이고 그런 태도는 무엇이든 최선을 다하는 습관에서 나옵니다. 1등도 습관인 거예요. 사실 폐품 모으기 같은 건 해도 되고 안 해도 되는 일이라 여기지만 그런 게 어딨어요? 내가 할 수 있는 만큼은 최선을 다해야죠."

최선을 다하는 습관, 멋진 말이다. 이 기반 위에서 공부를 하면 분명 다른 아이들과 강도가 다를 것이다. 차 선생님은 아이들이 걸리지 않을 만큼만 숙제를 하고, 혼나지 않을 만큼만 청소를 한다며 안타까워하신다.

"최선을 다하기는커녕 적당히 하고 넘어가려는 태도가 습관이 돼버렸어요. 더 잘할 수 있는데도 말이죠. 제가 아이들을 못살게 구는 것도 이 때문입니다. 더 잘할 수 있다는 걸 스스로 경험하기 바라서예요."

다른 것은 대충대충 하면서 공부만 완벽하게 할 수는 없다. 무엇이든 열심히 하는 태도가 몸에 배야 공부를 할 때도 최선을 다하는 것이다.

그런 사람에게 1등의 기회가 더 자주 오는 것은 당연한 이치 아닐까? 이처럼 '1등 머신' 차 선생님은 1등에 대해 이렇게 말씀하신다.

"생각보다 1등을 하는 건 쉬워요. 최선을 다하는 아이들이 많지 않거든요. 폐품 모으기든 청소든 공부든 아이들이 한 번만 1등의 맛을 보면 다음에는 더 많은 노력을 하게 되죠. 그래서 1등만 하던 사람은 계속 1등을 해요. 1등의 맛을 아니까요."

최선을 다하는 습관은 중고등 6년 공부를 시작하는 중1들에게 특히 의미가 있다. 무엇이든 나에게 주어진 모든 일은 최선을 다하자. 그 습관이 곧 나를 1등으로 만들어줄 것이다.

1등으로 등교하기

'1등으로 등교하기'는 가장 간편하게 1등 경험을 할 수 있는 일이다. 일찌감치 일어나 조용한 등굣길을 걸어보자. 아무도 없는 교실 문을 열면 두 번째 학생이 오기까지 내 세상이다. 여유 시간에는 책을 읽거나 아침 공부를 할 수 있으니 더할 나위 없이 좋다.
중1부터 고3까지 '1등으로 등교하기'를 지속한다면 얼마나 많은 생각과 여유, 공부를 누릴 수 있겠는가? 허둥거리는 아침 대신 '1등으로 등교하기'를 선택하자.

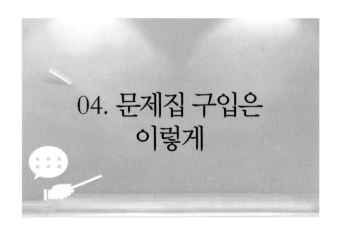

04. 문제집 구입은 이렇게

어느 예비 중학생의 질문이다.

"방학 동안 미리 공부를 좀 해보려고 서점에 갔었는데 아무것도 못 사고 돌아왔어요. 왜 이렇게 복잡하고 많아요? 초등학교때는 그냥 제일 많이 푸는 문제집 한 권만 사서 풀었었거든요. 중학교 때도 그러면 될 것 같아서 제일 많이 푸는 거 추천해 달라고 했는데 중학교는 어떤 교과서를 보느냐에 따라서 다르대요. 중학교 문제집은 뭘 사야 하나요? 서점에 있던 책들을 과목별로 다 사야 하나요?"

문제집을 구입하러 서점에 가본 친구들이라면 비슷한 경험을했을 것이다. 과목 수도 많은데다 출판사도 여러 개고, 비슷해 보이는데 어떤 건 자습서고 어떤 건 평가 문제집이어서 뭘 사야할지 엄두가 안 나는 것이다. 과연 어떤 책들을 사야 할까?

중학교 공부를 위해 기본적으로 필요한 책은 매일 복습에 필요한 책이어야 한다. 가능한 한 학교의 교과서와 같은 출판사에서 나온 평가 문제집이 좋은데, 교과서와 목차가 같아 진도를 따라가며 문제를 풀기가 편하기 때문이다. 그래도 '꼭 교과서 출판사여야 하나?'라는 생각이 들 때도 있다. 학원에서 쓰는 교재나 그 지역에서 유행하는 인기 많은 문제집이 교과서 출판사와 맞지 않는 경우가 있기 때문이다.

"우리 학교는 좀 이상해요. 다른 학교들이 잘 안 쓰는 출판사의 교과서를 써서 학원에 가도 우리 학교만 시험 범위가 안 맞아요. 서점에 가도 문제집이 없는 경우가 많고요. 다른 애들이 다 푸는 문제집으로 사면 안 되나요?"

남들 다 푸는 문제집은 나도 풀어봐야 하지 않겠느냐는 건데, 그렇다고 인기 많은 책을 사면 불편한 게 한두 가지가 아니다. 우리 교과서에는 있는데 문제집에는 없다든지, 문제집에는 있는데 학교에서는 배우지 않아 그냥 넘어간다든지, 교과서 목차와 단원 제목이 달라 내용을 확인해야 한다든지 하는 것이다.

안타깝게도 문제집의 수요가 많지 않으면 교과서 출판사에서 문제집을 만들지 않는 경우도 간혹 있다. 그렇다면 어쩔 수 없지만 교과서와 같은 출판사의 평가 문제집이 있다면 그것으로 공부하자. 남들 다 사는 문제집이 그래도 마음에 걸린다면 두 권을 모두 구입해서 평소에는 교과서 출판사의 문제집으로 복습하고, 다른 출판사의 문제집은 이해가 잘 안 되는 부분을 골라 보며 참고하거나 시험 때 한 권 더 푸는 용도로 사용하면 된다.

📖 영어, 한문, 제2외국어는 자습서가 필요하다

그렇다면 자습서는 어떨까? 자습서는 교과서의 내용을 자세하게 해설해놓은 책으로 초등학교의 전과와 비슷하다고 보면 된다. 평가 문제집에는 교과 내용의 요약과 문제가 있지만 자습서에는 교과서가 그대로 들어가 있다. 과목마다 자습서를 모두 사야 하는 것은 아니지만 영어, 한문, 중국어, 일본어 등 언어 영역의 과목들은 본문 해석과 어휘 설명 등 교과서를 자세하게 풀어 놓은 자습서가 필요하다.

한문이나 제2외국어는 출판사에 따라 자습서만 있고 평가 문제집은 없는 경우도 있는데 상관없다. 이 과목들은 다양한 문제를 푸는 것보다 본문을 달달 외우는 게 더 효과적이기 때문이다. 국어, 사회, 과학 등 다른 과목들도 물론 자습서가 있다. 하지만 자습서의 방대한 내용을 공부하는 것보다 학교에서 받은 유인물, 노트 필기 등 수업 내용을 중심으로 공부하는 것이 좋으므로 활용도가 떨어진다.

이 점을 감안하여 사습서와 평가 문제집을 한 권으로 묶어 출판하는 경우도 있으니 서점에서 직접 책을 보며 구입하자.

📖 예체능은 학교 수업 자료로 충분

음악, 미술, 체육은 문제집이나 자습서 등 참고서가 필요 없다. 교과서 순서대로 학교 진도가 나가는 것이 아니고 실습 위주로 수업이 진행되기 때문이다. 시험 때도 선생님이 주시는 유인물 안에서 시험 문제가 출제되므로 문제집이 있다 해도 학교 수업 내용과 맞지 않는다.

과목별 필요한 교재

	자습서	평가 문제집
국어, 사회, 과학, 도덕, 기술·가정	×	○
영어	○	○
한문, 중국어, 일본어 등 제2외국어	○	×
음악, 미술, 체육	×	×

📖 수업을 들어본 후 결정하자

그렇더라도 한꺼번에 미리 교재를 사놓을 필요는 없다. 입학 후 과목별 수업을 1~2주 이상 들어본 후 결정해도 늦지 않다. 어떤 선생님은 문제집이 필요 없을 정도로 엄청난 분량의 유인물을 만들어주시기도 하며, 자습서나 평가 문제집을 그대로 복사해서 수업 자료로 쓰는 선생님도 있기 때문이다. 반대로 선생님의 웅얼거리는 말투 때문에 좀처럼 설명을 알아들을 수가 없어 예정에도 없던 자습서를 사야 하는 경우도 생긴다.

　중학교는 입학 후 얼마간은 과목별 오리엔테이션 등으로 정상적인 수업 진도가 나가지 않는다. 2주 정도는 교과서와 유인물, 노트만으로 복습을 해본 후 과목별로 어떤 책을 사야 할지 결정하도록 하자.

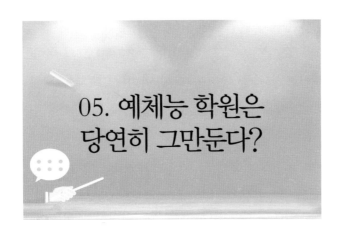

05. 예체능 학원은 당연히 그만둔다?

도끼 가는 시간이 아까워 계속 나무를 베면 힘만 빠지고 나무는 베어지지 않는다. 예체능 활동은 도끼를 갈며 날을 세우고 힘을 비축하는 것과 같다. 공부가 어려워지고 많아질수록 집중력은 더욱 필요하며 날선 집중력을 위해서는 집중적이고 생산적인 휴식이 필요하다. '공부해야 하니 예체능 학원은 끊는다'라는 생각은 도끼는 갈지 않고 나무만 베겠다는 것과 같다.

📖 예체능의 다양한 활동 능력

중학교 입학과 동시에 당연한 듯 그만두었던 피아노, 태권도, 수영, 미술 등 다양한 예체능 학원들. 요즘은 그 시기가 빨라져 초등학교 5, 6학년만 되어도 끊는다. 예비 중1반 학원 시간표에 맞추다 보면 예체능 학원에 다닐 겨를이 없기 때문이다. 하지만 예체능의 효능은 매우 구체적이며 강력하다. 그저 피아노 치고, 그림 그리는 실력을 쌓자는 것이 아니다. 예체능 활동은 다른 활동 영역, 즉 공부, 인간관계, 문제 해결 등을 더욱 잘하게 만든다는 점이다.

스포츠 활동은 운동 기능 이외에도 전술, 체력, 문제 해결 능력, 팀워크, 타인 배려, 리더십, 자기 관리, 신체 가치 판단 등 다양한 교육적 효과를 포함한다. 예를 들어서 영국의 체육 교과과정은 창의성을 체육 교육의 핵심 개념으로 둔다. 스포츠는 '효율적이고 효과적인 결과를 내기 위해서 기법, 전술 및 구성적 아이디어를 탐색하고, 그것을 직접 실행하기'에 가장 효과적인 방법이라는 것이다.

악기 연주 등 음악 활동은 교감 능력, 정보 처리 능력, 개인의 표현, 성찰, 정서 발달에 매우 유익하다. 게다가 음악을 통한 긍정적인 상호 교류는 학습자의 능력을 계발하고 또한 자존감을 향상시킨다.

미술 활동은 안목의 계발, 사물의 다양성 이해, 관찰력, 연관성 형성 등의 효과를 낸다. 컬럼비아 대학 티처스 칼리지 명예교수인 맥신 그린은 미적 교육의 목적을 '의미를 추구하는 신선한 지향성'이라고 했다. 이는 미술 교육을 통해 일상성과 상두적인 반응에서 벗어나는 힘, 즉 사물의 다양성과 형식을 이해하는 능력 등을 배울 수 있음을 의미한다.

📖 공부가 어려워질수록 예체능 활동이 필요하다

어느 하나 공부하는 데 도움이 안 되는 것이 없다. 그래서 공부가 어려워지고 많아질수록 예체능 활동이 필요하며 선진국의 명문 학교들이 예체능 활동을 강조하는 이유도 그 때문이다.

사춘기 중학생들에게 무엇보다 큰 의미는 예체능 활동이 스트레스 해소를 위한 매우 건강한 통로가 된다는 점이다. 감정의 기복이 심한데다 여러 가지 해결해야 할 문제들이 쏟아지고 있으니 청소년들은 작은 일에도 쉽게 휘청거린다. 평소 즐겨하던 예체능 활동이 있는 아이들은 운동장으로 나가거나 기타를 튕기며 그 문제에서 잠시 벗어난다. 스스로 스트레스 대처 방법을 터득하는 셈이다.

📖 예체능 활동과 성적

예체능 활동은 분명 학생들의 정서와 폭넓은 능력의 발달에 영향을 준다. 인생을 풍요롭고 멋지게 만드는 데도 기여한다. 하지만 학생들은 또 묻고 싶을 것이다.

"예체능이 밥 먹여 주나요?", "예체능하면 공부도 잘하나요?"

대답은 당연히 '그렇다'이다. 우리나라 고등학생들을 대상으로 한 연구를 보면 체력 지수가 상위 10퍼센트인 학생들의 성적 평균은 50.35인데 비해 체력 지수가 하위 10퍼센트인 학생들의 성적 평균은 38.14에 그쳤다.

하나고 김진성 교장은 예체능 활동의 효용에 대해 이렇게 말했다.

"얼마나 오랜 시간 공부하느냐보다는 얼마나 집중하느냐가 중요해요. 집중력과 효율성을 위해서는 쉼이 필요하죠. 우리 교육의 문제점은 학생들이 쉬면서 할 게 없다는 점이에요. 운동 능력, 연주 실력, 창작 작품 등 개인별 목표가 설정되고 매진하는 것도 중요할뿐더러 이러한 활동을 통해 학업과 잠깐 거리를 두면서 공부를 더 효율적으로 할 수 있습니다."

📖 경험으로 터득하는 몰입의 즐거움

자발적이고 능동적인 예체능 활동은 인간이 가진 모든 능력에 긍정적인 영향을 준다. 그러므로 당연히 학습 능력의 향상에 기여한다. 예체능 활동을 즐기는 아이들은 그냥 공부만 했을 때보다 집중력이 훨씬 좋아졌다고 말한다.

게임이나 텔레비전은 그냥 멍한 상태로 단순한 자극에 반응하게만 되는 반면, 예체능 활동은 내가 직접 뭔가를 해야 하고 그것이 소리나 움직임, 그림 등에 반영되며 연속적으로 창조하는 과정이 이루어진다. 이를 통해 생산적인 집중이 지속되는 경험을 하게 되는 것이다. 그렇게 익힌 집중하는 방법은 자연스럽게 공부할 때도 사용할 수 있다. 경험하지 않고는 알 수 없는 몰입의 즐거움이다.

📖 억지로 그만두지 말자

초등학교 때는 가방을 들고 왔다 갔다 하며 예체능을 배운다. 하지만 중학생이 되고 사춘기를 보내다 보면 '놀듯' 배웠던 그 예체능 활동에 몰입하며 스트레스도 풀고, 자기만의 세계를 형성한다. 피아노를 배웠던 아이들은 좋아하는 영화음악이나 가요의 악보를 구해다가 쳐보기도 하고, 검도를 배웠던 아이들은 친구들에게 시범을 보이며 우월감을 느끼기도 한다.

더는 하고 싶지 않다면 모르겠지만 '이제 공부해야 한다'는 부담감 때문에 예체능 활동은 그만두지는 말자. 중학교 진학을 계기로 달라지는 것이 너무 많으면 안정감이 깨질 수도 있으니 즐기며 다닐 수 있는 예체능 학원은 오히려 계속 유지하는 편이 훨씬 낫다.

학생들은 깨어있는 시간의 대부분을 학교에서 보내고 학교에서 보내는 시간의 대부분은 수업 시간이다. 따라서 수업 시간에 성과를 내지 못한다면 대단한 시간 낭비를 하는 셈이다. 학교 수업은 예·복습을 비롯해 매일 공부 리듬의 기준이 된다. 그러니 학교 수업 때는 반드시 집중해서 공부할 수 있도록 하자

2장

학교 수업에
성공하자

선행 학습의 착각에서 벗어나자

과목마다 다른 선생님, 수업 스타일

스스로 적는 알림장

수업 집중

수업 중 필기

01. 선행 학습의 착각에서 벗어나자

예비 중1들은 마치 선행 학습을 하지 않으면 입학을 할 수 없다는 법 규정이라도 있는 양 선행 학습을 한다. 심지어 초등학교 때 이미 중학교 과정을 다 끝낸 학생들도 있다니 기가 막힐 노릇이다. 하지만 흔들리지 말자. 선행 학습은 성적과 무관하며 선행 학습으로 학습 흥미를 잃은 아이들은 오히려 시간이 갈수록 성적이 떨어진다.

📖 선행 학습은 성적과 무관하다

선행 학습을 왜 할까? 미리 공부해두지 않으면 못 따라갈 것 같아서? 중학교 공부는 어려워질 테니 미리 공부해두어야 한다는 생각을 할 수도 있겠다. 그렇다면 선행 학습을 한 아이들의 성적이 더 좋아야 하는데 그렇지 않다는 것이 문제다.

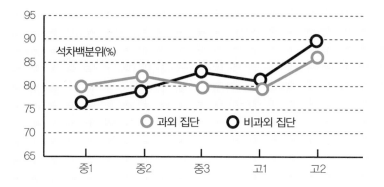

상위 30퍼센트 학생들의 국어 성적에 대해 선행 학습 사교육을 받은 집단과 선행 학습을 하지 않은 집단을 비교해본 결과 처음에는 선행 학습을 한 학생들의 성적이 좋았다. 그러나 중2 중반을 지나자 선행 학습을 한 집단이 선행 학습을 하지 않은 집단의 성적보다 떨어졌다. 고1 무렵에는 다시 두 집단의 성적이 비슷해지는 것 같아 보이지만 바로 비과외 집단, 즉 스스로 공부한 학생들의 성적이 앞선다.

중1과 고1은 선행 학습이 심해지는 시기다. 중1 때 선행 학습의 영향으로 성적이 올랐었다면 고1 때도 선행 학습 집단의 성적이 좋아야 하는데 그렇지 않다는 점도 눈여겨봐야 한다. 즉 공부란 일시적으로 퍼부어서 될 일이 아니라는 것이다.

📖 이미 알고 있다는 착각이 학습 흥미를 떨어뜨린다

왜 이런 일이 벌어지는 것일까? 이미 알고 있다는 착각 때문이다. 학원 다니며 힘들게 선행 학습을 한 아이들은 학교 수업을 편안하게 즐기며 그 보상을 받으려 한다. "오늘 진도 뭐지? 아는 거네 뭐" 해버리는 것이다. 매시간 학습 의욕을 새롭게 끌어올려도 모자랄 판에 매시간 '편안하게' 수업을 들으니 그것이 만성화되어버린 것이다.

선행 학습을 한 아이들은 수업 집중이 무엇인지도 모르며 수업 후 복습이 어떤 느낌인지도 모른다. 그렇게 서서히 늘어져버린 '공부 고무줄'은 탄력을 모두 잃고 힘을 내지 못한다.

📖 그래도 너무 모르면 자신감이 떨어지지 않을까?

그래도 학생들은 선행 학습을 놓지 못한다. 전혀 모르는 내용을 수업 시간에 배우면 자신감이 떨어진다는 것이다. 뭐라도 조금 알아야 수업을 따라갈 수 있다는 얘긴데, 자신감을 위해서라면 사교육에 의존하는 것보다 스스로 선행 학습을 하는 것이 낫다. 수업 중 집중력을 고려한다면 선행 학습보다 다음날 수업의 예습이 훨씬 효과적이다.

중학생이 되었다면 마냥 어린애가 아니다. 수업을 이해하지 못했다는 절박함은 오히려 더 큰 자극이 되기도 한다. 오늘 뭘 배웠는지 집에 돌아와 복습을 철저히 할 것이고, 다음 수업을 위해 교과서를 읽어보기도 할 것이다. 혹시 선생님이 문제 풀이를 시킬지 모르니 미리 문제를 풀어보기도 한다. 스트레스를 받기 쉬운 상황이기는 하지만 그렇게 공부를 경험하는 것이다.

남들 다 하니까 안 할 수 없다?

선행 학습을 왜 할까? 가만히 생각해보면 꼭 선행 학습을 해야 할 이유는 없다. 그래도 대부분은 선행 학습을 한다. 그냥 분위기가 그렇기 때문이다. 특별히 신청한 것도 아닌데 다니는 학원에서 선행 진도를 나간다. 무슨 독립투사도 아니고 선행 학습을 당장 그만두지 않으면 학원을 옮기겠다고 할 것까지는 없지 않겠는가? 그러니 자연스럽게 하는 것이다.

하지만 그 책임까지 자연스럽게 나눠 갖는 것은 아니다. 선행 학습의 폐해는 고스란히 내 몫으로 떨어진다. 그래서 자꾸만 사교육을 자제하라는 당부를 하는 것이다.

혹시 나는 친구들 다 다니는 학원에 다니며 '나 지금 어디 배워' '내 친구들 다 여기 다녀' 하며 마음의 위안을 얻고 있지는 않은가? 다시 한 번 강조하지만 하려거든 스스로 하자.

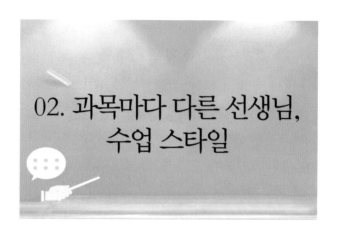

02. 과목마다 다른 선생님, 수업 스타일

　중3이 되는 재용이는 다른 친구들보다 국사를 잘한다. 1학년 때 국사를 가르쳐준 선생님의 수업 덕이다. 수업이 시작되기 전 지난 시간에 배운 내용을 아무나 불러 질문하셨는데, 그 긴장감 때문에 매시간 수업 내용을 복습했던 것이 큰 효과가 있었다. 인터넷 강의나 학원 수업은 전혀 듣지 않았는데도 시험을 보면 많이 틀려야 두 개 정도다.

　재용이의 국사 공부에 도움이 되었던 것은 수업 시작 전 지난 시간에 배운 내용을 확인하는 수업 운영 방법이다. 대답을 못한다고 크게 잘못되는 것은 아니지만 기습 질문의 긴장감은 재용이가 복습을 하게 하는 원동력이 되었던 것이다. 이처럼 수업 운영 방법에 따라 과목별 공부의 정도가 달라진다. '수업 시작 전 이전 시간의 내용을 복습하면 도움이 되는구나'라는 성공 경험은 다른 과목을 공부할 때도 적용할 수 있다.

중학교가 초등학교와 도드라지게 다른 점이 있다면 매시간 다른 선생님이 들어온다는 것이다. 학교 수업에 성공하기 위해서는 모든 과목의 선생님께 각별한 관심을 두어야 한다. 선생님마다 다른 수업 스타일, 과제 부여 방식 등을 파악해 두어야 과목별 공부 전략 세우기에 유리하기 때문이다. 대표적인 유형들을 살펴보자.

📖 수업 운영 방법

지난 수업 내용을 다시 정리하는지 여부 : 선생님이 설명으로 요약하기도 하고 몇몇 학생에게 질문을 하기도 한다. 수업 시작 전 수업 내용을 다시 정리해주시는 선생님이라면 그 시간에 내 머릿속에서도 함께 복습이 진행될 수 있도록 집중하자. 수업 전 쉬는 시간에는 이전 수업 내용을 다시 훑어보며 준비해야 한다. 기습 질문을 하거나 쪽지 시험을 본다면 전날 밤에 제대로 복습을 해야 한다. 답을 몰라 머뭇거려서 불안감이 쌓이면 그 과목이 점점 싫어지기 때문이다. 반대로 정답을 맞히는 쾌감이 반복되면 그 과목에 자신감이 생긴다.

다음 시간 배울 내용을 알려주는지 여부 : 수업을 마칠 무렵 다음 시간에 읽어올 내용이나 과제, 다음 시간의 공부 내용을 공지하시는 선생님들이 있다. 꼼꼼하고 체계적인 수업 계획을 갖고 계신 선생님들이기 때문에 선생님의 의식을 따라가야 한다. 검사를 하지 않더라도 읽어오라고 한 것은 읽고, 다음 시간에 배울 내용을 미리 살펴보자. 다음 시간이 되면 정말 선생님이 예고한 대로 수업이 이루어지는지 확인하는 재미가 쏠쏠하다.

수업에 학생을 참여시키는 방법 : 수업 중 연습 문제를 풀어보게 하거나 번호 순서대로 책을 읽게 하는 등 수업에 학생을 참여시키는 방법도 선생님마다 다르다. 앞에 나가서 문제를 풀어보는 등의 수업 활동에 부담을 느끼는 학생은 그 수업을 위해서라도 철저한 예습으로 학습 성과를 만들어야 한다.

📖 수업 내용 제시 방법

45분의 수업 시간은 주의 집중, 지난 내용 복습, 학습 목표 제시, 수업 내용 제시, 수행해보기, 피드백, 수업 정리 및 과제 제시 등의 흐름으로 이어진다. 이 중 가장 많은 시간을 차지하는 것은 '수업 내용 제시'다. 학생들이 가장 집중해야 하는 시간이기도 하다. 과목의 특성이나 선생님의 성향에 따라 그 방법도 다양하니 상대자인 학생도 수업마다 다른 학습 모드를 택해야 한다. 모든 수업에 같은 방법으로 집중하면 수업은 잘 들었는데 내 공부는 되지 않는 실수를 하게 된다.

이야기식 수업 : 이야기식 설명은 역사, 사회, 윤리 과목에서 주로 등장한다. 순차적인 내용 진행보다 전체적인 조망이 필요한 과목들이기 때문인데, 한 시간의 수업을 하나의 이야기로 엮어서 통째로 설명하시는 선생님들도 있다. 단원의 흐름이나 구체적인 맥락을 놓치기 쉽기 때문에 철저한 예습을 하여 수업 중 선생님이 어떤 내용을 설명하고 있는지 분별할 수 있어야 하며 문제 풀이, 요약정리 등 배운 내용을 체계화하는 복습이 필요하다.

교과서 내용 진행에 충실한 수업 : 수업의 진도와 흐름을 파악하기 쉽다. 특히 국어나 영어 수업은 교과서의 제시문을 토대로 하고 필기도 교과서 위에서 모두 이루어진다. 구체적인 내용은 잘 기억할 수 있겠지만 단원 간 통합이나 과목 간 통합 사고는 약해질 수 있으니 혼자 공부할 때는 심화 문제 풀이 등에 신경을 써야 한다.

교과서와 무관하게 유인물로 하는 수업 : 판서의 수고를 덜기 위해 가장 많이 쓰이는 방법은 유인물을 사용하는 것이다. 수업 시간에 교과서를 사용하지 않는 경우도 있다. 교과서에 구체적인 지식이 모두 담겨있지 않기 때문인데, 유인물의 내용이 곧 시험에 출제되는 내용이고 교과과정을 재구성해 놓은 것이므로 단원 순서에 따라 펼쳐보기 쉽도록 철해두어야 한다. 복습이나 시험공부를 할 때도 수업 때 공부한 유인물을 기준으로 해야 탈이 없다.

멀티미디어 교구 활용이 많은 수업 : 그래프, 사진 등이 많은 수업은 슬라이드, 비디오 자료 등 멀티미디어 교구 활용이 잦다. 보고 듣는 자극이 다양하니 집중도 잘 된다. 단점은 본 것은 많은데 뭘 공부했는지 모르고 지나가는 경우가 많다는 것. 이야기식 수업과 마찬가지로 꼼꼼한 예습을 해두어야 그 이후에 다양한 자료를 볼 때 이해도 잘 되고 기억에 잘 남는다. 수업 시 사용할 파일을 미리 온라인으로 내려받을 수 있다면 반드시 출력해서 내 손에 들고 수업을 들을 수 있도록 하자.

올해의 수업 계획을 이야기하는 첫 시간이 중요

첫 시간에는 진도를 나가지 않는 수업이 많다. 그래서 학생들은 별 생각 없이 선생님 이름만 교과서에 적어두고 마는데, 첫 시간은 진도를 나가지 않는 대신 그 과목의 수업이 1년 동안 어떻게 이루어질지에 대한 개관이 이루어지는 시간이다. 과목의 특징과 학기별 배우게 될 내용, 수행평가의 방법과 평가 기준, 수업 시간마다 준비해야 할 것, 실천해야 할 것 등 그 수업에 대한 선생님의 생각을 읽을 수 있는 기회다.

능동적인 학습 태도는 수업 첫날부터 시작된다. 과목별 수업을 담당하는 선생님이 어떤 기준을 가지고 1년을 계획하는지 잘 듣고 주요 내용은 메모하자.

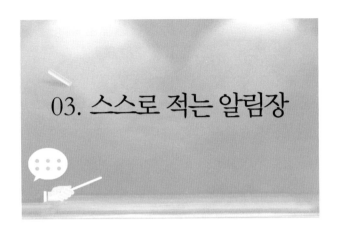

03. 스스로 적는 알림장

중학교는 담임선생님이 적어주는 알림장이 없다. 게다가 과목마다 선생님이 다르니 숙제도 준비물도 모두 제각각이어서 학기 초 중1 교실에서는 다른 과목 숙제를 담임선생님께 물어보는 아이들이 종종 눈에 띈다.

"선생님, 국사 체험 활동 보고서 언제까지 내는 거예요?"

하지만 이런 질문을 했다가는 꾸중만 듣는다.

"그걸 내가 어떻게 아니? 선생님이 설명하실 때 잘 들었어야지. 여기가 초등학곤 줄 알아? 국사 선생님께 여쭤봐."

이런 상황이 벌어지지 않도록 꼭 필요한 것이 바로 스스로 적는 알림장이다. 이 알림장은 중1을 시작으로 사회인이 되어서까지 이어지는 자기 관리의 기반이다. 지금부터 고3까지는 공부목록과 숙제, 준비물 등이 적히겠지만 성인이 된 후에는 할 일과 만날 사람들, 회의 시간 등을 적으며 나의 일상을 이끌어갈 것이다.

📖 나만의 알림장 작성 요령

- 알림장은 학교든 학원이든 필기구와 함께 항상 가지고 다녀야 한다. 책상 한쪽에 올려놓고 필요한 내용을 즉시 적을 수 있도록 준비되어 있어야 한다. 따라서 너무 크거나 두껍지 않은 것이 좋다.

- 스스로 적는 알림장은 검사를 받기 위해서나 누구에게 보여주기 위해서 적는 것이 아니다. 내가 보기 위해서, 나에게 알려주기 위해서 적는 것이다. 따라서 선생님이 내주는 숙제나 준비물에 한정될 필요는 없으며 '13페이지 그래프 다시 공부하기'같이 스스로 내주는 숙제도 적을 수 있다. 공부하는 내용뿐 아니라 '현정이에게 2,000원 갚기'같이 꼭 기억해야 할 내용도 기록한다.

- 초등학교 때 선생님 주도적이었던 알림장은 집에 가기 전에 한꺼번에 적었지만 자기 주도적인 알림장은 등교 식후부터 적는다. 아침에 교실에 도착해 자리에 앉으면 알림장을 펴고 날짜를 적자. 수업이 시작되면 '1교시 : 수학'이라

고 적고 수학 수업 중 발생한 숙제, 공부거리 등을 적는다. 적을 것이 없으면 그냥 넘어가면 된다. 2교시가 시작되면 '2교시 : 국어'를 적고 같은 방법으로 적는다. 매 교시 같은 방법으로 알림장을 적는다.

• 해야 할 일들만 적지 말고 그것을 언제, 어떻게 실천할지를 함께 생각해보자. 수업을 들으며 복습 내용이 떠올랐다면 집에 돌아가 복습 시간에 할 것이라고 적어두면 된다. 이 간단한 작업 하나로 알림장은 공부 계획표의 기능을 함께 하게 된다. 하교 후에는 공부 계획을 따로 할 필요도 없고 '뭘 하지?'라고 고민할 필요도 없다. 놀라운 효율성이다.

알림장 작성 예 : 다음에 나오는 알림장을 보면 매 교시에 해당하는 과목명을 적었고, 그 시간에 발생한 공부 및 숙제 사항을 기록했다. 물론 4교시처럼 과목명만 적어놓고 내용이 없는 경우도 있다. 알림장의 오른쪽에는 언제 실천하면 좋을지를 기록했다.

스마트폰에 적으면 안 되나요?

알림장을 적으라고 하면 스마트폰에다 적으면 안 되느냐고 묻는 아이들이 있다. 물론 전혀 안 적는 것보다 스마트폰에라도 적는 것이 훨씬 낫다. 수첩이랑 필기구를 꺼내려면 가방을 열어야 하고 번거로운 반면 스마트폰은 늘 손에 들려있으니 그때그때 생각나는 것을 메모할 수 있다는 장점도 있다. 하지만 스마트폰은 수업 시간에 사용하지 못하는 경우가 많다. 혼자 공부할 때도 스마트폰이 옆에 있으면 문자메시지나 게임 등 다른 것에 눈이 갈 수밖에 없으니 스마트폰보다는 수첩을 권한다.

04. 수업 집중

　학생들은 깨어있는 시간의 대부분을 학교에서 보내고, 학교에서 보내는 시간의 대부분은 수업 시간이다. 따라서 수업 시간에 성과를 내지 못한다면 대단한 시간 낭비를 하는 셈이다. 학교 수업은 예·복습을 비롯해 매일 공부 리듬의 기준이 된다. 그러니 학교 수업 때는 반드시 집중해서 공부할 수 있도록 하자.

📖 수업 준비

　수업 집중력이 떨어지는 아이들은 수업의 시작부터 불안정하다. 수업 종이 치고 나서도 선생님이 들어오시기 전까지는 산만한 분위기가 계속되는데 다수의 학생들이 선생님의 얼굴을 본 후에야 "어? 수학이네" 하며 해당 과목의 책을 꺼낸다. 서랍을 뒤지다가 책이 없으면 뒤쪽 사물함으로 뛰어가는 등 들썩거리는 것이다. 수업이 시작되면 몇 쪽인지 몰라 친구들을 기웃거리며 책을 펴기 시작하니 이미 시작된 수업에 새삼 집중을 하기란 쉽지가 않다.

수업의 집중을 위해서는 시작이 야무져야 한다. 선생님들도 수업 종이 울린 후에야 교무실에서 출발하기 때문에 교실에 선생님이 들어오기 전까지는 2~3분 정도 시간이 있다. 그 시간 동안 책을 꺼내고 배울 부분을 미리 펴두어야 한다. 노트와 유인물, 필기구를 준비하는 것은 물론이다. 책을 펼치다 보면 자연스럽게 단원명이 눈에 들어온다. 단원명, 핵심어 등 굵은 글씨만 훑어보아도 훌륭하다. 선생님이 오시고 수업이 시작되기 전까지 뒷장을 넘겨보며 흥미로운 그림이나 눈에 띄는 단어들을 보면 수업 준비 끝이다. 이번 시간에 어떤 공부를 할 것인지 인식하는 정도만으로도 수업에 집중하기가 수월하다.

📖 나의 생각을 선생님의 생각과 연결한다

수업에 집중한다는 것은 어떤 느낌일까? 한 마디도 놓치지 않고 잘 듣는 것? 잡담하거나 졸지 않고 선생님을 바로 쳐다보는 것? 모두 좋은 태도들이지만 내 생각을 움직이지 않고 선생님의 설명을 받아들이기만 한다면 바로 졸음이 쏟아진다. 잘 들은 것 같아도 수업이 끝나면 생각이 안 나는 것이다.

성적을 올리는 집중은 내 생각을 움직이는 집중이다. 그러기 위해서는 나의 생각을 선생님의 생각과 연결해야 한다. '선생님이 저 그림을 왜 그리는 거지? 무엇을 설명하려고 하는 걸까?' '왜 드라마 이야기를 하는 거지? 관련된 예가 있나?'와 같이 선생님의 의도를 읽을 수 있어야 한다. 집중이란 나의 머릿속에 생각이 살아있는 것이다.

📖 수업의 내용을 나 자신과 연결한다

외부의 정보는 '개인화'할 때 더욱 기억에 잘 남는다. 즉 선생님이 유적지를 설명할 때 '초등학교 때 가 봤던 곳'이라는 개인적인 경험을 떠올려 연결해두면 유적지에 대한 내용은 나의 것이 되어 저장되므로 쉽게 기억할 수 있다는 뜻이다. 따라서 수업 시간에는 모든 내용을 '나 자신'과 연결해보려는 시도를 하자. 그러면서 더욱 수업에 집중하게 된다.

📖 소통하는 집중은 1 : 1 수업을 만든다

선생님은 벽을 보고 수업하지 않는다. 아이들의 눈빛과 끄덕임 같은 신호를 보고 다음 진도로 넘어가기도 하며 설명을 한 번 더 하기도 한다. 문제는 이렇게 반응을 하는 아이들이 많지 않다는 것이다. 수업이 진행되고 내용이 깊어질수록 선생님이 바라볼 만한 학생은 줄어들어 결국 한두 명에 한정된다. 실제로 최상위권 성적을 내는 학생들은 선생님이 나의 리듬에 맞춰 수업한다는 것을 느낀다. 아무나 느낄 수 없는 쾌감이다.

어른들은 선행 학습 때문에 아이들이 학교 수업을 시시하게 여긴다고 걱정한다. 하지만 그런 아이들은 조금 아는 것을 다 안다고 착각하거나 수업에 집중을 해보지 않은 아이들이다. 선행 학습 여부와 상관없이 수업 태도는 습관이다. 오히려 수업의 흐름을 예상할 수 있도록 예습이 필요하다. 선행 학습을 했다면 수업을 더 잘 이해할 수 있고 어려운 질문에도 대답할 수 있다. 같은 내용이라도 들을 때마다 배울 거리가 생기는 것이 공부라는 걸 명심하자.

소통하는 집중은 단지 선생님의 눈에 들기 위한 눈치 작전이 아니다. 공교육의 한복판에서 1:1 수업을 누리는 학습 전략이다.

📖 집중하고 있는지 체크하려면 자세를 보자

바른 자세는 집중의 기본이다. 수업을 듣다 보면 나의 뇌가 긴장하며 수업을 듣고 있는지 점검하고 싶을 때가 있을 것이다. 머리를 열어 "뇌야, 너 집중하고 있니?"라고 물어볼 수 있다면 좋겠지만 그럴 수 없으니 대신 나의 자세를 살펴보면 된다. 구부정한 어깨에 팔다리를 축 늘어뜨리고 있다면 나의 뇌는 집중할 생각이 전혀 없는 상태다.

허리는 세우고 어깨는 펴며 다리는 꼬지 않고 11자로 두자. 남학생들은 바지 뒷주머니에 지갑이나 핸드폰을 넣지 말아야 한다. 작은 각도의 차이지만 반복되면 틀어진 자세가 편하다고 느껴져 척추에 문제가 생긴다.

수업을 시작하면서 바로잡은 자세가 시간이 지나면 점점 흐트러지는데 이때 집중력도 함께 무너진다. 수시로 자세를 의식하며 집중을 다 잡아야 한다.

05. 수업 중 필기

집중력은 자기의 의지대로 움직이는 것이 아니다. 특별히 우리의 뇌를 자극하는 내용이 주기적으로 등장하지 않는 한 처음 집중 후 5~10분이 지나면 자연스럽게 집중력이 떨어진다. 바로 에너지 소비를 최소화하기 위한 뇌의 자동 시스템 때문이다.

따라서 45분의 수업 시간 동안 변함없는 집중력을 유지하기 위해서는 스스로 생각거리를 만들어내고, 또 필기를 하면서 앞뒤 내용을 찾아보는 등 지속적이고 능동적인 행동이 반드시 필요하다.

특히 필기는 손과 눈을 함께 움직이므로 그것만으로도 수업에 집중하기 수월하고, 기억에도 잘 남도록 해준다.

📖 노트 사용 여부는 자율

수업 중 노트를 사용하는지 여부는 선생님마다 다르다. 노트를 쓰지 않는 과목이라도 스스로 필요성을 느낀다면 노트를 만들어 정리하는 것이 좋다. 노트가 귀찮다면 교과서 여백이나 포스트잇을 활용해 필요한 내용을 적으면 된다.

📖 못생긴 글씨여도 상관없다

글씨를 못 쓰는 학생들은 초등학교 내내 "이건 손으로 쓴 거니 발로 쓴 거니? 알아볼 수가 없잖아. 다시 써 와!"라는 잔소리를 많이 들었을 것이다. 성의 없이 쓴 글씨라면 반성해야겠지만 원래 내 글씨가 그렇다면 상관없다. 사람마다 생김새가 다르듯 글씨 모양도 다르기 때문이다.

단, 나는 내가 쓴 걸 알아볼 수 있어야 한다. 내가 쓴 것을 나도 못 알아본다는 것은 생각 없이 끼적이기만 했다는 의미기 때문이다. 반대로 예쁘고 꼼꼼하게 필기하느라 선생님의 설명을 지나치는 학생들이 있는데 그런 경우에는 방법을 바꿔야 한다.

노트 정리의 깔끔함에 따라 실력을 가늠할 수는 없다. 글씨가 예쁘든 못생겼든, 그 안에 내가 들었던 수업이 내 사고의 흐름에 따라 담겨있다면 최상의 필기다.

📖 내 생각이 담겨야 한다

수업 중 필기란 칠판에 쓰여진 내용이나 선생님이 불러주시는 내용을 받아적는 것만을 의미하지는 않는다. 그것들은 당연히 써야 하는 것이다. 수업의 효율을 높이는 필기란 내 생각이 첨가된 필기, 즉 '나의 언어'로 재구성된 필기를 말한다. 다시 말하여 수업 중에 선생님의 설명을 요약하거나 이해가 되지 않는 부분에 따로 표시를 하거나 수업 후 복습할 때에 어떤 부분에 초점을 두어야 할지 메모를 해두는 필기를 해야 한다.

📖 선생님의 설명을 요약하자

칠판에 쓰여진 내용만 적은 학생들보다 설명을 함께 적은 학생들의 성적이 더 높다는 연구 결과가 있다. 왜 그럴까? 칠판의 내용보다 설명한 부분에서 시험 문제를 많이 내서 그런 걸까? 그렇지 않다. 설명을 적기 위해서는 수업을 잘 들어야 하고, 들은 내용을 요약해야 하며 나의 언어로 재구성하는 과정을 거치기 때문이다. 설명을 적으면 그냥 듣기만 하는 것보다 두세 배의 사고를 하게 된다.

설명을 적는 행위만으로도(적은 내용을 다시 보지 않더라도) 학습 효과가 크다는 얘기다. 따라서 더 많은 내용을 기억하게 된다. 선생님의 지시가 없더라도 중요한 부분이나 이해에 도움이 될 만한 내용은 선생님의 설명을 요약해서 적자.

📖 늘 한 손에는 펜을 들자

집중력은 외줄타기 같아서 조금만 한눈을 팔아도 균형이 무너진다. 필기를 하려고 필통을 뒤지다가 어제 새로 산 펜을 쓸지 쓰던 펜을 쓸지 잡념이 끼어들기도 하며 친구에게 펜을 빌리려다 잡담이 시작되기도 한다.

수업이 시작되면 습관처럼 손에 펜을 들자. 밑줄이든 필기든 즉각 행동으로 옮기기 위해서이기도 하고, 한 손에 펜이 들려 있으면 산만함을 방지하는 효과를 내기도 한다. 두 손이 모두 비어 있으면 손을 주머니에 넣거나 두 손을 모아 쥐거나 머리를 긁거나 여드름을 뜯거나 하면서 산만해진다. 하지만 손에 펜을 들면 수업 집중을 의식하기 때문에 훨씬 안정적이다.

📖 펜 색에도 의도를 담자

팔뚝만한 필통에 온갖 화려한 색들의 펜들을 꽉 채워가지고 다니는 학생들이 적지 않다. 예쁜 펜을 좋아하고 다양한 색과 질감을 즐기는 것 또한 취향이므로 무조건 잘못되었다고 할 수는 없다. 하지만 재미로 쓰는 펜과 공부할 때 쓰는 펜은 구분하도록 하자.

펜을 사용할 때도 꼭 외워야 할 것은 파랑, 확실치 않은 것은 연필, 중요한 것은 빨강, 이렇게 나만의 규칙을 정해놓으면 색만 보아도 공부의 의도를 파악할 수 있다. 복습할 때는 연필→빨강→파랑 순서대로 본다거나 쪽지 시험을 볼 때는 파랑을 집중적으로 공부하는 등 색만 보고도 직관적인 학습 전략을 떠올릴 수 있다.

3장

학교생활
노하우

선생님이 눈여겨보는 아이는?

시험 없는 자유학기

임원 활동으로 리더십을 배우자

성적의 완성은 수행평가

방과후학교 야무지게 활용하기

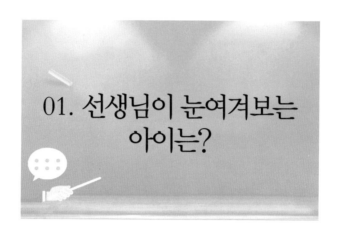

01. 선생님이 눈여겨보는 아이는?

초등학교 때는 담임선생님께만 잘 보이면 되었지만 중학교는 다르다. 초등학교 때는 선생님이 일일이 아이들의 이름을 부르며 질문하고 수업했지만 중학교에서는 이름이 아닌 번호를 부른다. 그럼에도 불구하고 선생님들이 이름을 빨리 기억하는 아이가 있고, 또 교무실에서 입을 모아 칭찬하는 아이가 있다. 선생님이 눈여겨보는 아이는 어떤 아일까?

📖 인사 잘하는 아이

학기 초 아이들의 이름도 성적도 모르는 상태에서 선생님들이 아이들을 인식하는 순서는 학생들과 부딪히는 사소한 경험을 근거로 한다. 선생님과 아이들 사이에서 벌어지는 가장 일상적이면서도 중요한 경험은 바로 인사다.

대부분은 고개만 까딱하는 인사로 지나가지만 늘 정성껏 인사를 하는 아이들이 있다. 특유의 명랑한 목소리로 "안녕하세요"를 외치는 아이, 가던 걸음을 멈추고 고개를 깊게 숙여 인사하는 아이, 선생님이 멀리 있거나 뒤돌아있는 상태에서도 선생님을 부르며 인사하는 아이, 이런 아이들 앞에서는 선생님의 발걸음도 멈추고 눈길도 머물기 마련이다.

잠깐이지만 선생님들은 명찰을 보고 그 학생의 학년과 이름을 파악한다. 1학년 담당 선생님이라면 1학년 명찰 색깔에 특히 민감하게 반응할 것이다. 그러다 수업하러 들어간 교실에서 그 학생을 만나게 되면 어떨까? 선생님은 다시 한 번 눈여겨보게 된다. 인사는 그 학생의 인성을 함축하기 때문이다.

입학 후 일주일만 지나도 선생님들은 등굣길이나 복도에서 마주치는 아이들의 인사를 통해 몇몇 아이들을 기억한다. 선생님께 좋은 인상을 남기는 가장 빠르고 정확한 방법이다. 인사는 선생님 마음속에 쌓는 태도 점수와 같다. 그러니 마주치는 모든 선생님들에게 공손히 인사하자. 당장 우리 교실에 들어오는 선생님이 아니라도 2, 3학년이 되면 언젠가 만날 선생님들이다.

📖 수업 태도가 좋은 아이

잠깐 지나가는 인사도 이렇게 중요한데 45분을 한 자리에서 마주하는 수업은 얼마나 중요할까? 수업은 선생님과 학생과의 주제가 있는 대화요, 소통이다. 선생님의 눈에 들어올 수밖에 없는 아이는 시작부터 끝까지 한결같은 집중력과 바른 자세를 유지하는 아이들이다.

학기 초 긴장한 신입생들이기도 하니 수업 초반에는 누구나 좋은 태도를 보인다. 그러다가 20분 정도 지나면 각자의 모습이 드러난다. 한 반에 30명이 있다면 열 명은 딴짓을 하고 다른 열 명은 수업과 딴생각 사이를 오가며 나머지 열 명 정도만 수업을 듣는다. 그 열 명 중에서도 여덟아홉 명은 듣고 필기하며 수동적으로 수업을 따라가고 있을 뿐, 선생님의 질문에 반응하고 소통하며 수업을 내 것으로 여기는 아이는 한두 명에 불과하다.

선생님도 바보가 아니니 누가 나와 소통하고 있는지 느낀다. 45분 내내 나와 생각을 나누며 수업을 했던 아이, 그 학생을 어찌 기억하지 않을 수 있겠는가?

📖 솔선수범하는 아이

반장도 주번도 정해지지 않은 학기 초는 선생님들에게 매우 불편한 시기다. 칠판 지우기, 노트북 설치하기, 교무실에 심부름 가기, 수업 전후 인사하기, 스마트폰 수거하기 등 누군가는 해야 하는 일들이 수도 없기 때문이다. 그나마 수업 전후 '차렷, 경례'를 외치는 것은 폼이라도 나지만, 칠판 지우기나 우유통

치우기 같은 것은 모두들 귀찮아한다. 선생님이 눈여겨보는 아이는 모두들 모른 척하는 일을 나서서 하는 아이다.

하루를 시작하는 조례 시간, 교실 복도에 아이들에게 나눠줄 교과서 더미가 놓여있다고 하자. 선생님이 교실에 들어오며 지나가는 말처럼 한마디 한다.

"누가 나가서 교과서 좀 들고 와라. 혼자서는 무거울 것 같은데 두세 명 정도 같이 나가."

이 말을 듣고 그 '누가'를 나라고 생각하는 아이가 과연 몇 명이나 될까? 그래도 누군가는 나간다. 먼저 일어나며 주변에 있는 친구들을 툭툭 건드리는 것이다.

하루를 정리하는 종례 시간(중학교에서는 담임선생님의 얼굴을 볼수 있는 시간이 짧다), 선생님이 교실에 들어오며 지나가는 말처럼 한마디 한다.

"수업 끝난 지가 언젠데 아직도 칠판이 그대로니? 누가 나와서 칠판 좀 닦아라."

나와 아무 상관없다는 듯 앉아있는 아이들이 대부분이지만 또 누군가는 칠판을 지우러 나간다. 행동이 민첩하고 칠판을 깨끗하게 잘 지웠다면 선생님은 그 학생에게 어떤 임무를 줄지도 모른다.

"주번 정해질 때까지 매시간 수업 끝나면 쉬는 시간마다 네가 책임지고 칠판 닦아라. 그 대신 태도 점수 1점 더해줄 거야."

여기저기서 들려오는 탄성 소리, 이처럼 선생님들은 굳이 누가 시키지 않아도 그 상황에서 내가 할 수 있는 일을 찾아서 하는 아이들을 눈여겨본다. 단지 앞에 앉았다는 이유로 임시 반장을 시키고, 덩치가 크다는 이유만으로 우유통을 치우라고 하는 것은 아니다. 그 아이에게는 그 일을 성실히 감당할 만한 '씨앗'이 있다는 걸 알기 때문에 시킨다.

그런 아이들은 선생님의 신뢰만 얻을까? 아니다. 친구들의 신뢰도 얻는다. 임시로 맡았던 일을 잘해내면 한 학기동안 그 일을 맡게 되고 그것이 임명장이나 봉사상같이 눈에 보이는 결과로 드러난다. 솔선수범은 세상을 살아가는 태도며 생활 속에서 몸에 배는 습관이라는 걸 명심하자. 누구에게든 먼저 인사하고, 내 앞의 할 일에 집중하며 궂은일도 마다하지 않는 것은 성공적인 삶을 살았던 사람들의 특징이기도 하다.

결국 우리가 하는 모든 노력들은 지금보다 더 나은 사람이 되기 위한 것이 아닐까? 학교는 이 세상의 축소판이다. 학교생활에 성공하기 위한 노력은 이 세상에서 성공하기 위한 내공으로 쌓일 것이다. 매일 주어지는 나의 일상에 성공하자. 그 일상이 모여 나의 삶을 성공적으로 만들어줄 것이다.

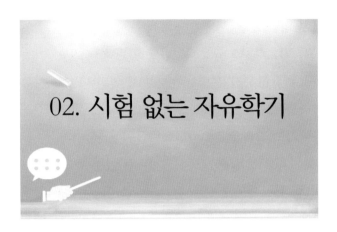

02. 시험 없는 자유학기

21살 청년 강동석 군은 2013년 독일 국제 기능 올림픽 대회에서 한국인 최초로 금메달을 수상했다. 초콜릿으로 만든 작품 하나로 상금만 무려 6천720만 원, 유럽의 강호들을 제치고 제과 직종의 최고가 된 것이다. 강 군의 실력은 초콜릿만으로 사계절을 표현해내고, 설탕 공예로 나무와 동물을 표현한 작품까지 만드는 등 그야말로 능수능란하다. SBS 〈스타킹〉에 출연한 그는 '언제, 어떻게 초콜릿 공예를 시작하게 되었느냐'는 질문에 이렇게 대답했다.

"중학교 때요. 특별활동 시간에 우연히 하게 되었는데 하면 할수록 재미있어서 이쪽으로 진로를 정하게 됐어요."

자유학기제는 중학교 교육과정 중 한 학기 동안 학생들이 중간 · 기말고사 등 시험 부담에서 벗어나 꿈과 끼를 찾을 수 있도록 수업 운영을 토론, 실습, 프로젝트 학습 등 학생 참여형으로 개선하고, 진로 탐색 활동 등 다양한 체험 활동이 가능하도록 교육과정을 유연하게 운영하는 제도를 말한다. 즉 자유학기제의 다양한 체험을 통하여 강동석 군의 사례처럼 자신도 몰랐던 나의 흥미와 소질을 찾는 기회를 만들자는 것이다.

자유학기제를 통해 학생들이 얻을 수 있는 효과는 크게 세 가지이다. 첫째로 적성에 맞는 자기계발을 할 수 있으며 협동 · 협업 학습을 통해 사회성과 인성을 기를 수 있다. 둘째로 학교생활의 만족도가 높아지고 친구 관계는 물론 선생들과 관계도 좋아질 것이다. 셋째로 학생들의 학업부담을 덜어주고, 또 성적만을 중요시 여기는 학교의 풍토가 개선될 것이다.

📖 자유학기의 운영과 대상 학기

자유학기 중에는 수업 시수 증감 제도(교과별 20% 범위 내)를 통해 교육과정 운영상 유연성을 확보하여 진로 탐색 활동, 선택형 프로그램 활동, 동아리 활동, 예술 · 체육 활동 등 다양한 프로그램 운영이 강화된다. 또한 중간고사(3일)와 기말고사(4일)를 실시하지 않음에 따른 기간(7일)과 학교 재량 휴업일 등을 체험 · 참여 프로그램 운영에 활용하게 된다.

자유학기의 대상 학기는 학교마다 차이가 있는데 입시의 부담이 있는 3학년과 중학교 적응기인 1학년 1학기를 제외한 나머

자유학기 주간 시간표 편성 예

시간 \ 요일	월	화	수	목	금
1	기본 교과 편성(22시간)				
2	● 교육 과정 : 핵심 성취 기준 기반 수업				
3	● 수업 방법				
4	− (국 · 영 · 수) 문제 해결, 의사소통, 토론 등 − (사 · 과 등) 실험, 현장 체험, 프로젝트 학습 등				
5			동아리		진로 탐색 진로 검사 초청 강연 현장 체험 직업 리서치 모의 창업 등
6	진로 탐색	선택 프로그램		예술 · 체육	
7					
방과후학교	'자율 과정'과 연계 · 운영하여 시너지 창출				

지 학기들에서 운영된다. 현실적으로는 학습의 부담이 적은 1학년 2학기에 자유학기를 실시하게 될 가능성이 높다. 단 서울지역은 2016년부터 2개 학기를 모두 자유학기로 운영한다. 한 학기 만으로는 자유학기의 취지를 살리기 어렵다는 판단에서다.

📖 자유학기 동안의 평가

시험이 없다고 해서 아무런 평가를 안 하는 것은 아니다. 학생들이 학습한 내용을 얼마만큼 이해하고 있는지 알아보고 학생지도에 활용할 수 있도록 수업 진도에 따른 형성평가, 학생 스스로 자신을 평가하는 자기 성찰 평가 등 자유학기제의 취지에 맞는 평가 방법을 학교별로 마련하여 시행한다.

자유학기에 교사가 실시하는 형성평가의 횟수나 방법은 수업 환경 및 목표, 교과목의 특성 등에 따라 교사가 자유롭게 결정할 수 있으며, 평가의 형태는 수업 중 학생 수행 과정 관찰, 수행 결과물, 쪽지 시험 등 다양한 방법이 가능하다.

형성평가의 시기 또한 학생들마다 달리하여 실시할 수 있다. 학교생활기록부에는 평가 내용을 학생 간 등수를 매기는 성적 산출 방식이 아니라, 세부 능력 및 특기 사항란에 서술식으로 기록한다.

경남 J중학교의 교과별 평가 계획

구분	횟수	수행평가(관찰)	비고
국어	1회	1회 : UCC 만들기	
수학	3회	1회 : 통계 자료를 다양한 방법으로 정리하고 해석하기 2회 : 기본 도형인 점과 선을 이용한 디자인 3회 : 교육 활동에 대한 결과물을 포트폴리오로 관리	
사회	2회	1회 : 포트폴리오 2회 : 과제 평가	

도덕	2회	1회 : 지정 과제 2회 : 보고서 평가	
과학	3회	1회 : 지구온난화의 원인과 방지 대책 보고서 2회 : 거제조선해양문화관 견학 보고서 3회 : 식물의 관다발 관찰 보고서	
기술 · 가정	2회	1회 : 생활 소품 만들기 2회 : 나의 미래 주거 계획하기	
영어	4회	1, 2회 : 말하기 평가 3회 : 듣기 평가 1회 4회 : e-library 평가	
음악	2회	1회 : 영어 노래 부르기 2회 : 리코더 연주하기	
미술	2회	1회 : 꿈을 찾는 나의 여행 책 2회 : 여러 가지 표현하기	
체육	1회	1회 : 축구(남), 배구(여) 2회 : 농구(남), 티볼(여) 3회 : 페어플레이어(공통)	자신이 가장 하고 싶은 종목 선정 후 평가

기존 평가와의
차이
		· 지필평가 대신 각 교과별 특성에 맞는 성취 기준으로 학습 과정을
		  평가
		· 학습자 부담을 경감하기 위해 수업 중 형성평가 실시
		· 형성평가와 수행평가는 학습자 스스로 성취도를 점검하기 위해 실시
		· 학생들의 학습 성취 수준 확인 결과에 따라 기초 학력 부진 학생을
		  판별하고, 학교생활기록부에는 학생의 유의미한 경험을 바탕으로
		  교과별 '세부 능력 및 특기 사항'란에 서술식으로 기재함	

📖 모든 프로그램에 적극적으로 참여하자

자전거를 타보지 않은 사람은 자전거가 얼마나 재미있는지, 내가 자전거를 얼마나 잘 탈 수 있는지를 알 수가 없다. 선택 프로그램이 있을 때는 늘 하던 것에서 벗어나 생소하고 새로운 것, 평소 자신 없었던 분야에 도전하기를 권한다. 점수의 부담 없이 충분히 즐기고 집중할 수 있는 기회는 흔치 않기 때문이다.

한국교육개발원에서 개발한 선택 프로그램의 예

순	프로그램명	순	프로그램명
1	요리 실습	6	우리 역사 바로 알기
2	패션 디자인	7	농림 수산 체험 활동
3	미디어와 통신	8	녹색 학교 만들기
4	드라마와 문화	9	한국의 예술 발견하기
5	미니컴퍼니 경영	10	드라마 각본 쓰기

📖 학습 관리의 핵심은 예 · 복습

학생들이 걱정하는 것은 시험이 없다보니 공부의 긴장감도 없고 그냥 놀다가 한 학기를 보내는 것이 아닌가 하는 점이다. 시험의 부담은 없지만 자유학기에도 교과과정의 수업은 진행된다. 수업의 형태도 토론이나 프로젝트 수업, 교과 간 융합 수업 등 학생 참여를 유도하는 등 다양하다. 이렇게 열린 수업을 하게 되면 학생들은 즐겁게 수업 시간을 보내고도 뭘 배웠는지는 모르는 경우가 많다. 과학 시간에 감자로 실험을 했다는 것만 기억하고 그 실험에서 감자의 녹말과 요오드 용액의 반응을 살핀다는 요점은 놓치는 것이다.

단원과 학습 목표를 인식하고 배운 내용을 스스로 정리하지 않는다면 자유학기 동안의 참여 수업은 지식의 공백을 만들게 된다. 따라서 자유학기 동안에는 예 · 복습이 어느 때보다 중요한 것이다.

📖 시험 부담 없으니 혼자 공부해보자

'꿈과 끼를 찾는다'는 자유학기는 사교육으로부터의 자유를 시도해보기에도 아주 좋은 기회다. 학기 중 이루어지는 크고 작은 평가들은 학원에서 준비해줄 수 있는 것이 아니니 어차피 혼자 해야 하는 노력이고, 교과 공부 또한 수업 집중과 예 · 복습을 성실히 지킨다면 공부의 구멍이 생기지는 않을 것이니 학원을 다녀야 할 이유가 별로 없다.

생각해보면 시험을 봤던 학기도 시험공부한답시고 요란만 떨었을 뿐 내 공부로 남아있는 것은 거의 없지 않은가? 그동안 학원을 그만둬볼까 생각만 하고 실행으로 옮기지 못했었다면 자유학기를 활용해 혼자서 하는 공부에 도전해보자.

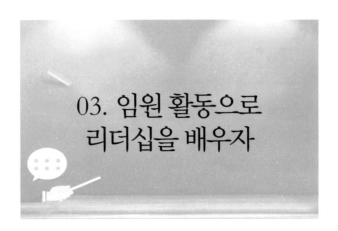

03. 임원 활동으로
리더십을 배우자

　중학교 입학을 앞두고 상담을 하는 예비 중1들은 중학교에 가서도 학급 임원을 맡는 것이 좋을지 어떨지를 묻는다. 초등학교 때까지는 매번 했는데 중학교에 가면 공부에 지장이 있을 것 같다는 것이다. 내 결론은 '걱정 말고 열심히 반장 노릇 잘할 궁리나 하라'다. 할 수만 있다면 학급 임원은 하는 것이 좋다.

　중학교 3년 내내 반장을 맡았던 아이와의 대화를 일부 인용해 긴 설명을 대신하려 한다. 이 학생은 고등학교 입학을 앞두고 고등학교에 가서도 임원 활동을 해야 할지 고민했었다.

　"중학교 반장 생활은 어땠니?"

　"재밌었어요."

　"공부에 방해되진 않았어?"

　"다른 애들보다 늦게 오거나 쉬는 시간에도 선생님 심부름을 해야 하니까 귀찮은 건 좀 있었죠. 그래도 공부에 방해된다는 생각은 안 해봤어요."

"반장이 되어서 좋았던 점은?"

"되게 많아요. 교무실에 자주 들락거리니까 학교 행사나 수행 평가, 선생님들 수업 준비, 뭐 이런 거를 다 보게 되잖아요. 그래서 눈치껏 다른 애들보다 먼저 준비할 수도 있고요. 학교 대표로 외부 행사에 참여할 일도 생기니까 그런 것도 좋은 경험이고 공로상이나 봉사상 같은 건 반장 아니면 받기 힘들잖아요. 그런 것도 좋아요."

"그럼 답이 다 나왔네. 왜 고등학교 때는 할지 말지 고민해? 그 좋은 것을."

"아, 그런가요? 그래도 고등학교 때는 좀 다르지 않을까 해서요."

"비슷해. 오히려 중학교 때보다 편하게 할 수 있어. 반장 마음대로 할 수 있는 재량도 커지고. 네 말대로 공부에 방해되는 건 없어. 오히려 네가 어떻게 하느냐에 따라 유리한 점이 더 많을 거야."

📖 반장이 되면 좋은 점

과연 반장이 되면 뭐가 좋을까? 또 매년 반장을 맡는 아이들은 왜 그렇게 계속 반장이 되고 싶어 하는 것일까? 반장이 되면 좋은 점이 무엇인지 알아보자.

- 선생님과 친해질 수 있다. 담임선생님뿐 아니라 우리 반에 들어오시는 모든 과목 선생님들이 내 얼굴을 안다. 크고 작은 학급 일을 도우며 선생님과 개별적인 친분을 쌓을 기회도 많아지는데, 선생님이라는 '친구'는 아무나 가질 수 없는 인맥이다.

- 공부를 더 열심히 하게 된다. 반장이라는 책임감은 자기 관리에서 채찍질이 된다. 정규 수업은 물론 방과 후 수업이나 토요 프로그램에도 지각, 결석을 할 수 없게 되며 시험 기간 등 학사 일정을 아이들에게 공지해야 하는 입장이니 학교생활도 성실히 임하게 된다. 아무도 없는 곳에서 나 혼자 공부하는 것보다 학교라는 울타리 안에서 반장의 역할을 맡고 있는 것이 훨씬 많은 성과를 낸다.

- 교외 행사, 간부 수련회 등 식견을 넓힐 기회가 많다. 시도 교육청이나 시·군·구청 단위의 행사는 학교별 대표 학생이 참석을 하게 된다. 특별한 분야의 재능을 필요로 하는 경우가 아니라면 학급 임원이나 학생회 임원이 참석하게 되는데, 학교 안에서 맴돌던 일상에서 다른 학교, 다른 지역의 학생들과 어울린다는 것은 생각의 틀이 자라는 계기가 된다.

- 의사소통 능력이 향상된다. 반장은 아이들과 선생님 사이

에 끼인 존재다. 선생님의 전달사항을 대신하기도 하고 친구들의 의견을 수렴해 선생님께 보고하기도 한다. 내 생각을 말해야 할 때도 있고 교실에서 있었던 일을 요약하는 경우도 있으며 때로는 주임 선생님이나 교장·교감 선생님을 만나야 할 때도 있다.

다양한 상황에서 다양한 사람들과 함께 이야기를 나누다 보면 말은 언변보다 소통이라는 것을 알게 되고, 그 지혜로 의사소통 능력이 점차 향상된다. 어린 시절에 이런 경험을 갖는다는 것은 매우 특별한 혜택이다.

• 그밖에 다양한 특권들이 많다. 자습 시간에 떠드는 사람의 이름을 적는 재미도 쏠쏠하며 어디 놀러 가서는 친구들 모두 줄 맞춰 앉아 있는데 출석 체크를 한다는 이유로 혼자서만 돌아다니는 것도 반장이니까 가능하다. 선생님이 남는 문제집을 한 권씩 주시기도 하고 단체 구매를 위해 문구점이나 제과점에 가면 서비스로 물건을 한두 개씩 더 받아오기도 하는데 그것도 반장 몫이다.

게다가 반장은 청소 당번을 빼주기도 하며 공로상이나 특별상 등 상은 줘야 하는데 받을 사람이 마땅치 않을 때 상당수의 담임선생님은 평소 수고가 많은 반장을 선택한다.

📖 임원 활동은 리더십을 배울 기회

초등학교 때는 반장이 되기가 쉽다. 여러 명에게 골고루 임원의 기회를 주기 위해 매달 반장을 바꾸기도 하고, 동네에서 늘 보던 친구들과 학교를 다니기 때문에 아이들끼리 맺은 친분과 신뢰가 무척 크다.

하지만 중학교에 오면 다르다. 여러 학교에서 모인 친구들이라 어떤 실력자가 숨어 있는지 알 수 없으며 심지어 성적 제한을 두는 학교도 있다. 아이들은 서로 자기네 학교 출신을 반장으로 뽑히게 하려고 경쟁을 벌이기도 한다. 이런 상황에서 급우들의 신뢰를 얻고 선출되어 반장 역할을 잘 해낸다면 정말 멋지지 않겠는가? 놀라운 성장을 경험하게 될 것이다.

성공의 필수 조건인 리더십은 성인이 되어 갑자기 생기는 것이 아니다. 어려서부터 경험하고 느끼며 배려와 섬김, 지도력, 사교성, 결단력 등을 배워야 한다. 그런 점에서 반장은 리더십을 배울 수 있는 최고의 기회다. 그러니 공부에 방해된다거나 귀찮다는 이유로 반장을 기피하지 말자. 반드시 하려고 노력해야 하며 누구에게나 칭찬받을 만큼 제대로 해야 한다.

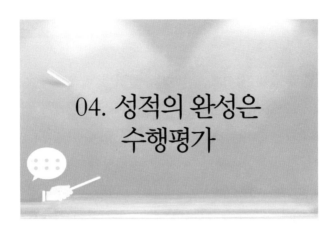

04. 성적의 완성은 수행평가

성적은 시험 점수만으로 이루어지지 않는다. 수행평가 점수와 합산되어야 성적이 완성되며 그에 따라 평균이 달라지고 등수도 달라진다. 수행평가 점수가 높은 아이들은 교과 성적도 높다. 무엇이든 최선을 다하는 태도가 몸에 배인 탓이다. 점수 비중이 작더라도 열심히 연습해서 감점을 줄이고 최선을 다해야 함을 명심하자.

📖 평소 성실함을 볼 수 있는 잣대

학생들을 만나 상담을 할 때는 최근 성적표를 가져오라고 한다. 어느 정도 공부를 하는지 파악하기 위함이기도 하지만 사실 자세히 살펴보는 것은 주요 과목이 아니다. 기타 과목과 수행평가 점수다. 특히 수행평가 점수를 보면 평소 생활이 어떤지 대략 감을 잡을 수 있다.

대부분은 전체 성적과 수행평가 성적이 비례하지만 그렇지 않은 경우도 있다. 지필고사는 훌륭한데 수행평가가 엉망이거나 지필고사는 그저 그런데 수행평가는 야무진 경우다. 둘 중 발전 가능성이 큰 아이들은 후자다. 수행평가 점수가 좋다는 것은 과제 수행을 대충 하지 않는 것을 의미한다. 시험 성적이 나쁜 것은 학습 코칭으로 보완이 가능하다. 과제 수행을 성실히 하는 아이들은 공부 분량을 늘리거나 공부 방법을 바꾸는 등 학습 코칭의 사항을 성실히 잘 따라오며 결국은 성적도 오른다.

지필고사는 시험 기간이 정해져 있어서 그때만 바짝 긴장을 하면 되지만 수행평가는 그렇지 않다. 과목마다 평가 방법과 시기가 달라 날짜를 까먹기도 하고 준비를 소홀히 하기도 한다. 수행평가를 앞두고 친구에게 물어보기 바쁜 아이들은 온전한 점수를 받기 어렵다. '언제 수행평가가 있으니 지금쯤 무엇을 해두어야 한다'라고 생각하며 늘 깨어있는 아이들이 수행평가 점수도 높다.

📖 감점이 없어야 한다

중간, 기말고사 잘 봤다고 끝이 아니다. 최종 성적은 수행평가 점수와 합산되어 그에 따라 총점도 달라지고 등수도 달라진다. '그거 몇 점 들어가지도 않는 거'라고 생각해서는 안 된다. 몇 점인지와 상관없이 내가 할 수 있는 것은 모두 최선을 다해야 한다.

성적표 예시

과목	지필/수행	고사/영역명 (반영비율)	만점	받은점수	합계	성취도 (수강자수)
국어	지필	2학기 중간고사(35.00%)	100.00	100.00	90.50	A (619)
	지필	2학기 기말고사(35.00%)	100.00	78.00		
	수행	독서활동(12.00%)	40.00	36.00		
	수행	과제활동 및 태도(18.00%)	60.00	58.00		

위에 나온 성적표는 공부를 제법 잘하는 학생의 성적표다. 초등학교 때는 과학 영재반, 수학 경시반 등 우수한 그룹에 속하며 그 학교에서는 경쟁자가 없을 정도였다. 중학교에 가서 받아 온 성적표는 어떨까? 2학기 기말고사는 왜 뚝 떨어졌느냐고 묻자 중간고사 평균이 너무 높아 기말고사 시험을 어렵게 냈단다.

그럴 수 있다. 시험공부는 할 만큼 다 했느냐고 묻자 그렇단다. 그러면 된 것이다. 독서 활동 수행평가는 보통 책을 읽고 독후감을 써서 제출하는 것이다. 특별히 어려울 것도 없는데 4점이 부족하다. 이유를 물으니 대답이 걸작이다.

"그거 제출하는 날짜를 까먹어서 늦게 냈어요."

아무것도 아닌 일로 점수를 날려먹은 것이다. 과제 활동 및 태도에서도 2점이 빠졌다. 과제 활동 및 태도는 평소 수업 시간에 발생한 벌점이나 상점을 반영하는데 교과서를 안 가져오거나 떠들어서 지적을 받는 등 특별 사항이 없으면 감점도 없다. 왜 2점이 깎였느냐고 묻자 대답이 또 걸작이다.

"어? 왜 깎였지? 국어 시간에는 걸린 거 없었는데? 모르겠어요."

이런 게 최선을 다하지 않은 모습이다. 나에게 어떤 벌점이 있는지 알고 있어야 함은 물론 그것을 상쇄할 만한 상점을 얻기 위해 노력했어야 한다. 정말 무엇 때문인지 모르겠다면 선생님께 감점의 이유를 물어보기라도 했어야 한다.

지필고사든 수행평가든 내가 할 수 있는 모든 노력을 다해야 함을 명심하자. 거기에 더해 수행평가는 감점이 없어야 한다. 수업 시간에 늦지 않기, 준비물 빠뜨리지 않기, 제출 날짜 지키기 등 감점만 없어도 만점이 가능한 수행평가가 수두룩하다.

📖 실기 시험은 연습으로 준비하자

체육, 음악, 미술 등 실기가 중요한 예체능 과목은 지필고사보다 수행평가 비중이 크다. 따라서 이 과목들은 다른 과목 중간·기말고사 공부하듯 수행평가 준비에 신경을 써야 한다. 예체능 과목은 원래 잘하는 애들이 있기 마련이다. 노래에 재능이 있는 아이는 가창 시험에 유리할 것이고, 운동 능력이 좋은 아이는 장난하듯 체육 시험을 치를 것이다.

그렇다고 그런 아이들이 다 만점을 받는 것은 아니다. 교과과정에서 요구하는 수행평가는 재능을 평가하는 것이 아니기 때문이다. 가창 시험은 음정과 박자, 악상 기호 등을 완전히 이해하고 그 규칙에 따라 노래를 불렀는지를 평가한다. 따라서 타고난 목소리가 좋아 노래를 잘했더라도 멋을 부리느라 악보대로 노래를 부르지 않았다면 감점이 된다.

어떤 과목이든 교과과정의 모든 실기 평가 항목은 연습으로 준비할 수 있다. 줄넘기 시험이 있다면 공원에 나가 줄넘기를 하자. 시험 준비이기도 하지만 내 몸에 꼭 필요한 운동이기도 하다. 가창 연습을 하다 보면 저절로 명곡의 가사를 외우게 되고, 다양한 바느질 기법을 연습하다 보면 차분한 집중을 경험할 수 있다. 시험을 위해 시작한 연습이지만 모두 나에게 유익하다는 것을 알게될 것이다.

📖 제출 날짜가 자유롭다면 빨리 제출하자

수행평가는 종종 장기 과제가 되기도 한다. 두 달 후에 검사할 것들을 학기 초에 알려주기도 하고, '중간고사 전까지'라는 식으로 제출 날짜가 정해지지 않은 것도 있다. 이런 경우에도 숙제는 받은 날부터 빨리 시작해야 한다. 숙제가 빨리 끝났다면 제출 날짜까지 기다리지 말고 우선 제출하자.

다른 친구들보다 먼저 제출한 숙제에 대해 뭐라고 할 선생님은 아무도 없다. 오히려 "벌써 다 했구나", "1등으로 했네"라며 격려를 해주실 것이다. 빨리 냈다고 해서 그 자리에서 채점을 하시는 선생님은 거의 없다. 다른 학생들의 숙제와 함께 평가하는 것이 좋기 때문이다. 그냥 받아서 제출일까지 보관하시는 선생님도 있지만 이런저런 조언을 덧붙여 다시 돌려주시는 선생님도 있다.

"이렇게 하면 더 좋겠다"는 조언과 함께 숙제를 돌려받았다면 이득을 본 셈이다. 다른 친구들보다 숙제에 대한 힌트를 더 얻었으니까. 숙제를 보완하며 공부도 더 하게 되고 완벽한 숙제를 하게 되니 점수도 잘 받을 수밖에 없다.

장기 수행평가가 있다면 미루지 말고 일찌감치 시작하자. 빨리 끝나면 빨리 제출하고 과제를 마무리하기 전에 선생님께 중간 점검을 받아도 좋다.

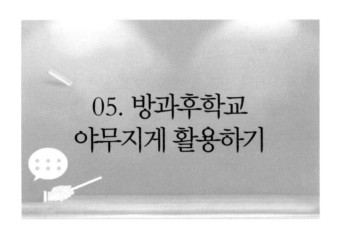

05. 방과후학교
야무지게 활용하기

중학교의 방과후학교 수업은 체험 활동 위주의 초등학교와 달리 교과목 수업이 많다. 방과후학교만 잘 활용해도 알짜배기 공부를 할 수 있는 것이다. 하루 종일 학원 과외에 시달리는 '공부 노동' 대신 정규 수업과 방과후학교 수업을 연결하여 학습 효과를 높여보자.

📖 사교육보다 방과후학교

대부분 학생들은 방과후학교를 대수롭지 않게 생각한다. 그나마 학교에서 하는 것이니 안 하는 것보다 하는 것이 낫다는 태도다. 그러나 방과후학교의 장점은 생각보다 많다.

- 학교에서 안내를 하니 여기저기 교육 정보를 알아볼 필요 없이 자연스럽게 시작할 수 있다.
- 수업료가 싸다. 비슷한 프로그램을 운영하는 사설 학원의 20~50퍼센트 수준이다.
- 정규 수업이 끝나면 교실만 옮겨서 이루어지니 학원까지 가는 버스를 기다리고 타는 등의 번거로움이 없다.
- 학원처럼 숙제나 주간 평가 같은 것이 없어 불필요한 학업 스트레스가 없다.
- 학교 선생님이 수업을 하기 때문에 정규 수업과의 연계성이 높다.
- 학사 일정에 따라 유동적으로 수업이 운영되므로 '환경 미화 준비하느라 학원에 늦는 것'과 같은 불편을 겪지 않아도 된다.

이 중 공부에 큰 이점이 되는 것은 '정규 수업과의 연계성'이다. 이는 여러 학교 학생들이 모이는 학원이나 지역 및 학교의 특색을 고려하지 않고 동일한 콘텐츠가 제공되는 인터넷 강의에서는 결코 해결할 수 없는 부분이다. 더구나 학원을 다니는 이유가 학교 공부를 잘하기 위함이라는 점을 생각해 본다면 방과후학교 수업이 학습 효과를 위해서도 유리하다는 점을 받아들일 수밖에 없다. 학교 선생님들은 수행평가의 채점 위원이자 중간·기말고사의 출제 위원이기 때문이다.

📖 정규 수업과 연계

방과후학교 수업을 들을 때는 정규 수업과 어떤 관련성이 있는지 주의를 기울여야 한다. 방과후학교에서만 누릴 수 있는 특장점이기 때문이다.

• 교과목과 간접적으로 연결되는 수업 : 논술이나 신문 읽기, 독서 토론 등은 정규 수업과 무관한 내용으로 이루어진다. 그렇더라도 예를 들거나 개념을 설명할 때는 수업 시간에 다루었던 내용을 끌어오기 마련이다. 학생들마다 사전 지식 수준이 다양하기 때문이다. 이 과정에서 학생들은 간접적인 반복 학습을 하게 되고 교과 내용을 다각적으로 이해할 수 있다.

• 교과목과 직접적으로 연결되는 수업 : 교과목 심화나 문제 풀이 등의 수업은 정규 수업의 진도와 비슷하거나 조금 빠른 것이 보통이다. 이때는 방과후학교 수업이 훌륭한 예습이 된다. 정규 수업의 선생님과 방과후학교 수업의 선생님이 달라도 상관없다. 오히려 같은 내용을 다른 방식으로 배울 수 있어서 도움이 될 뿐 아니라 시험 출제는 여러 선생님이 하시니 다른 반 친구들은 어떻게 수업을 듣는지 경험할 수 있어 좋은 기회가 된다.

📖 방과후학교 수업 진도는 그날의 공부 분량

자기주도학습 초보자인 중1 학생들은 구체적인 계획 세우기를 어려워한다. 그저 '영어 공부해야지'라고만 생각할 뿐 무엇을 얼마나 공부할지를 모르는 것이다. 교재를 선택할 때도 '겨울방학 때 풀려고 사두었는데 다 하지 못했으니까'라는 이유가 전부다. 그러다 보니 공부할 때도 목표 의식이 없고 그 다음날이 되면 똑같이 '뭐하지?'를 반복할 뿐이다.

이런 학생들에게 방과후학교는 아주 좋은 공부의 기준이 된다. 방과후학교에서 수업한 대로 자습을 하면 되기 때문이다. 교재는 선생님이 신중히 골라주신 것이고, 그날 수업 진도는 집에 돌아와 공부할 나의 공부 분량이 된다. 수업한 만큼 복습하고 문제를 풀면 여러 과목을 규칙적으로 공부할 수 있다.

혼자 하는 공부에 막막함을 느낀다면 국·영·수 등 주요 과목을 방과후학교 수업으로 신청하고 매일 그날의 공부로 삼아보자. 하루에 한 시간 정도의 수업 분량이므로 복습하기에도 부담이 없고 자연스럽게 집에서 공부하는 시간도 일정해져 공부 습관 만들기에 좋다.

📖 오후 시간 관리에 유리

학교를 다녀오면 그 다음 오후 시간은 물 흐르듯 지나간다.

수업이 많은 날이라도 4시 정도면 집에 오는데, 옷 갈아입고 냉장고 뒤적이고 텔레비전을 보면서 좀 쉬다 보면 금방 저녁 먹을 시간이다. 학생들은 보통 조용한 밤 시간에 공부를 하기 때문에 아직 환한 이 시간은 학교에서 돌아온 피로가 섞이면서 멍하게 지나가기 일쑤다.

방과후학교는 이 시간을 버리지 않게 해준다. 그냥 집에 돌아오면 소파에 기대 지나갈 시간이지만, 방과후학교의 도움을 받으면 내 공부를 조금 더 할 수 있는 것이다. 꼭 학습 효과를 노리지 않더라도 오후 시간의 게으름을 차단하는 방화벽 역할을 기대할 수 있다. 방과후학교를 마치고 돌아오면 간단한 정리 후 바로 저녁 식사 시간이 되므로 적당하다. 식사 후에는 잠들기 전까지 과제와 예·복습을 하면 충분한 공부가 될 뿐 아니라 실천하기 어렵지도 않다.

숙제는 언제 하는 것이 가장 좋을까? 숙제는 여유를 가지고 진지하게 해야 한다. 그러려면 받은 날 바로 해야 한다. 그것도 집에 돌아오자마자 가장 먼저 해야 하는 일이다. 무엇보다 숙제는 학교 수업의 연장이므로 숙제에 대한 설명과 내용의 기억이 남아있을 때 하는 것이 가장 효과적이기 때문이다.

4장

학교에서
돌아오면 이렇게

숙제는 하교 후 바로

그날 수업 복습

다음 수업 예습

주말에는 보충 공부와 휴식

주간 학습 계획

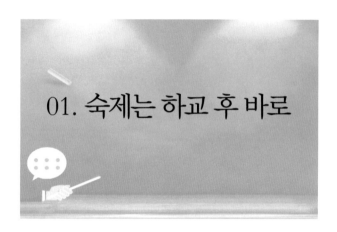

01. 숙제는 하교 후 바로

　중1 동영이네 반 국사 시간. 선생님이 유인물을 나눠 주시며 말씀하신다.

　"다음 시간부터 배울 유인물을 나눠줄텐데 요약정리 안에 빈 칸이 있을 거야. 교과서를 찾아보면 다 쓸 수 있는 답들이니까 다음 시간까지 다 채워오도록. 알겠니?"

　"네."

　대충 대답은 했지만 분량이 만만치 않다. 동영이가 투덜거리며 짝에게 속삭인다.

　"되게 많다. 언제 다 하지?"

　"다다음 주까지 하면 되잖아."

　"다다음 주?"

　국사 수업이 있는 날은 화요일과 금요일이다. 오늘이 화요일이니까 금요일까지는 해야 하는 건데 다다음 주라니 동영이는 동그란 눈으로 짝을 봤다.

"이번 주 금요일은 근로자의 날이잖아. 선생님들 쉰단 말이야. 수업이 없다는 거지."

"그럼 화요일은?"

"달력을 좀 봐라. 어린이날이잖아. 학교 안 와. 금요일은 원래 국사 수업해야 되는데 수학 선생님 연수 간다고 시간표 바꿨잖아. 금요일에 수학이 두 시간이고 그 다음 주 화요일에 국사가 두 시간이야. 그러니까 금요일에는 국사 수업이 없는 거지."

"아, 그래서 이렇게 유인물을 많이 주는구나."

마음이 놓인 동영이는 국사 유인물을 가방에 쑤셔넣었다. 한동안은 숙제 생각을 안 해도 될 터였다.

2주 후.

"야, 너 국사 숙제했냐?"

짝이 동영이를 툭 치며 묻는다. 갑자기 정신이 번쩍 든 동영이.

"아니! 너는?"

"걱정 마."

짝이 보여준 유인물에는 빈칸마다 답이 고스란히 적혀있었다.

"옆 반에서 빌려왔지. 얼른 베껴."

빈칸에 답란 찾아 넣으니 1분도 걸리지 않았다.

"휴, 살았다."

동영이는 묘한 쾌감이 느껴졌다.

'오호, 이렇게 숙제하면 되는 거구나.'

중학생이 되어서 좋은 점 중 하나는 숙제 검사를 매일 하지 않는다는 점이다. 과목마다 숙제를 내주시는 선생님이 다르니 다음 그 과목 수업이 있는 날까지만 하면 된다. 당장 오늘 하지 않아도 된다는 안도감은 얼마나 달콤한지! 하지만 이 달콤함에 빠져들면 여러 가지가 꼬인다. 숙제에 대한 생각은 머릿속에서 사라져버리고 숙제를 해야 한다는 의무감도 없어진다.

결국 숙제 검사하는 당일 학교에 가서 아이들의 "너 숙제했어?"라는 웅성거림을 듣고서야 숙제를 펼치는 것이다. 숙제를 쉬는 시간에 얼른 베껴버려서 끝내면 복습과 학습 효과는 전혀 얻지 못하고 '숙제 신경 쓸 필요 없겠네'라고 생각하는 함정에 빠질 수 있다. 과연 그럴까? 숙제는 모든 공부의 기초다. 중학교 생활을 야무지게 하고 싶다면 숙제부터 미리미리 하자.

📖 숙제는 받은 날 바로

동영이가 기특하게도 전날 밤에 숙제를 기억해내서 했다면 어떨까? 학교에서 베끼는 것보다 훨씬 낫기는 하지만 그래도 완전하지 않다. 숙제를 미뤄두면 '숙제해야 하는데'라는 생각에 어떤 공부를 하더라도 온전히 집중할 수가 없으며 결국은 취침 시간이 늦어진다. 또한 '내일까지 해야 한다'라는 조급함 때문에 숙제를 하며 얻어야 하는 학습 효과를 누리지 못하게 된다.

숙제는 언제 하는 것이 가장 좋을까? 숙제는 여유를 가지고 진지하게 해야 한다. 그러려면 받은 날 바로 해야 한다. 그것도 집에 돌아오자마자 가장 먼저 해야 하는 일이다. 무엇보다 숙제는 학교 수업의 연장이므로 숙제에 대한 설명과 내용의 기억이 남아있을 때 하는 것이 가장 효과적이기 때문이다.

검사일까지 여유가 있더라도 숙제는 받아온 그날 해결한다는 원칙을 지키도록 하자. 숙제를 미리 해두면 더 좋은 아이디어가 생겨 수정하거나 보완할 수 있으며, 숙제를 다 했다는 뿌듯함으로 다음에 이어지는 공부도 더 잘된다.

📖 숙제는 검사를 위해 하는 것이 아니다

제대로 숙제를 하기 위해서는 근본적으로 숙제에 대한 태도가 달라져야 한다. 숙제의 기준은 검사가 아니다. 숙제는 최소한의 복습이며 숙제하는 동안 최대한의 학습 효과를 노려야 한다. 숙제가 없다면 그나마 안 하는 공부를 더 안 했을 텐데 공부거리를 주는 숙제가 있으니 얼마나 감사한가? 그러니 '본문 읽어오기'처럼 눈에 보이지 않는 숙제도 양심껏 지켜야 하는 것이다.

숙제를 성실히 하면 숙제 검사를 하는 다음 수업이 기다려지고, 숙제와 연결되는 수업 내용을 느낄 수 있다. 성실한 숙제로 연결되는 선순환인 셈이다. 학교에서 돌아오면 바로 숙제를 하자. 그것도 대단히 정성껏, 착실한 마음으로 해야 한다.

하교 후 숙제를 모두 마쳤다면 이제 본격적인 공부를 시작해야 한다. 공부의 첫 번째는 그날 한 수업의 복습이다. 구체적으로는 학교 수업의 진도에 맞추어 스스로 문제 풀이를 하는 것이다. 매일매일 그날 배운 것은 바로 그날에 활용해보는 것이 가장 좋기 때문인데, 평소에 이렇게 문제를 풀어두면 시험 기간이 되어도 밀린 공부에 대한 부담이 전혀 없다.

학교 수업 자료(교과서, 노트, 유인물 등)를 가져온다 : 복습을 위해서는 수업 시간에 봤던 교과서, 유인물, 노트를 집에 가지고 와야 한다. 책가방이 무거울 것 같지만 하루 5~7교시 중 실습으로 지나간 미술, 음악, 창의 시간이나 운동장에서 보낸 체육 시간 등을 빼고 나면 몇 과목 되지 않는다.

교과서를 가지고 다니는 것은 1학년 때부터 습관이 되어야 한다. 이것만 해도 그날 수업, 다음날 수업을 생각하게 되고 잠들기 전 책가방을 챙기는 등 학교 수업과 과목별 진도에 대한 분명한 의식이 생긴다.

그날 배운 부분의 문제를 골라 푼다 : 문제 풀이를 할 때는 그날 배운 부분의 문제만 골라서 푼다. '오늘 뭘 배웠지?'라고 생각하며 문제를 찾는 것부터가 공부의 시작이다. 자연스럽게 오늘 배운 부분을 훑어보게 되고, 지난 시간에 배운 것과 다음 시간에 배울 것들도 확인하게 되기 때문이다.

문제 풀이 복습을 꾸준히 하고 있는 학생들이라도 학교에서 한 단원을 마칠 때를 기다렸다가 문제를 풀곤 한다. 문제집 구성이 단원별로 되어 있기 때문인데, 그렇게 풀면 수업한 날짜와 시간 차이가 나서 반복 효과가 떨어지고 문제를 풀며 교과서를 찾아보는 과정이 모두 생략되어 좋지 않다.

학교 수업 자료를 참고하여 푼다 : 문제 풀이의 목적은 많이 맞추기가 아니다. 문제를 풀 때는 문제집의 요약정리나 해설을 보지 않고 교과서와 유인물, 노트를 찾아보면서 푼다. 문제를 통해 학교 수업을 다각적으로 반복, 이해하기 위해서다. 채점을 하고 틀린 문제를 다시 볼 때도 해답지 대신 교과서, 유인물, 노트를 찾으며 다시 공부한다.

후다닥 문제를 풀고 "다 했어요" 하기 바빴던 초등학교 때의 문제 풀이는 잊어야 한다. 중학생이 되어도 예전의 방법대로 공부하는 아이들은 학년이 올라가도 교과서는 깨끗하고 문제집으로만 공부를 하며, 문제집을 다 풀었으니 공부도 다 했다고 생각해버린다. 문제집은 참고용이고 항상 학교 수업 자료가 먼저임을 명심하자.

📖 복습용 교과서를 집에 따로 두는 것은 좋지 않다

매일 복습을 위해 교과서를 들고 다니라는 내용을 읽고 나면 차라리 '복습용 교과서를 집에 따로 두면 어떨까?'라고 생각하는 학생들이 제법 있을 것이다. 아마도 초등학교 때 그렇게 해본 경험이 있기 때문이다.

결론부터 말하자면 그냥 들고 다니는 것이 좋다. 공부는 교과서의 내용만 가지고 하는 것이 아니다. 수업 시간에 밑줄 긋고 필기한 내용, 접어둔 부분, 낙서의 흔적들 등등 모두 수업 시간을 떠올리게 하는 단서가 된다. 집에 따로 마련한 새 교과서는 학교 수업을 재생하는 반복 효과를 내주지 못하니 교과서를 따로 집에 두는 것은 의미가 없다.

교과서는 짐이 아니다. 교과서를 챙기며 내 공부에 대한 책임감과 책을 소중히 여기는 마음이 생긴다는 점도 기억하자.

📖 앞에서 밀린 부분의 복습은 어떻게 할까

매일 복습은 오늘 수업의 복습을 목적으로 한다. 설령 앞에서 풀지 못하고 남은 부분이 있더라도 밀린 부분은 그대로 남겨두고 오늘 정해진 분량을 공부해야 한다. 혹시라도 빠뜨린 부분은 반드시 오늘 복습을 모두 마친 후 해야 하고, 밀린 분량이 많다면 주말이나 공휴일을 활용하자.

가장 좋은 방법은 평일 중 학교 행사로 수업이 없거나 수업은 있었지만 비디오 자료를 보는 등 수업의 진도를 나가지 않은 날에 하는 것인데, 이렇게 하면 주말, 공휴일에 마음 놓고 편하게 쉴 수 있다.

📖 빠뜨린 복습 메모하기

무엇이든 매일 한다는 것은 어렵다. 노는 것도 아니고 공부를 하는 일이니 빠뜨리는 일도 흔하다. 몸이 아프기도 하고 그냥 기분이 안 좋기도 하며 숙제가 많은 날도 있다. 복습을 못한 날은 빠뜨린 부분을 메모해두고 가능한 빨리 보충하도록 하자.

메모를 할 때는 과목과 교과서 페이지 등을 구체적으로 적어야 한다. 다음에 복습을 할 때 보기 위해서기도 하지만, 교과서와 문제집을 펼쳐보며 해당 페이지까지 적다 보면 자연스럽게 빠뜨린 부분을 기억하게 되기 때문이다. 또한 공부할 분량을 가늠할 수 있으니 '언제 다 하지?'와 같이 부정확성에서 비롯되는 걱정에서 벗어날 수 있다. 직접 실천해보면 '오늘은 복습 쉬어야지' 하며 기록을 하던 중 생각보다 양이 적어 그 자리에서 몇 문제를 풀고 복습을 끝내버리는 경우도 생긴다.

빠뜨린 복습 기록하기 양식 예

수업일	과목	해당 페이지		노트, 유인물 필요 여부	예상 시간 (분)
		교과서	문제집		
4/16	과학	28~29쪽 중간 30쪽 그림	32쪽 3~8번	8번 유인물	15

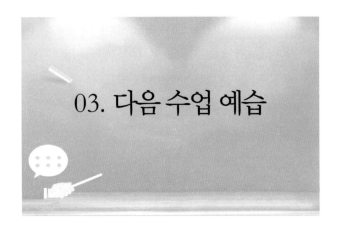

03. 다음 수업 예습

예·복습의 중요성은 귀에 못이 박히도록 들었으므로 어떻게든 해봤을 것이다. 누구나 예·복습을 강조하고 기본인 것처럼 얘기하지만 직접 실천해보면 그게 전부라는 걸 알게 된다. 매일 예·복습만 제대로 해도 상당한 공부 분량이기 때문이다.

📖 선행 학습으로 예습을 대신할 수는 없다

선행 학습 없이 중학교에 입학한 학생은 거의 없을 것이다. 그래서 중1들은 이미 예습을 다 했다고 생각하고는 예습을 하지 않는다. 하지만 이랬다가는 중1부터 잘못된 습관 들기에 딱 좋다. 예습은 다음 수업을 위해 나를 준비시키는 것이다. 겨울방학 때 선행 학습을 했더라도 다음 시간에 어떤 단원을 배울지 아무런 인식이 없다면 수업 준비가 되었다고 볼 수 없다. 책장을 넘기며 단원명과 학습 목표를 확인하고 모르는 단어를 미리 찾아보는 등 스스로 수업을 준비하는 노력이 필요하다.

📖 복습에 이어서 하자

원칙대로 하자면 다음날 배울 과목을 공부해야 하겠지만 그렇게 하기에는 집에 가져와야 할 책도 많아지고 번거롭다. 가장 현실적인 방법은 그날 복습이 끝난 후 바로 이어서 다음 시간에 나갈 진도를 미리 살펴보는 것이다.

교과서 읽기 : 예습의 기본은 교과서를 읽는 것이다. 특히 국어와 영어는 본문을 숙지하는 것이 중요하므로 예·복습을 통해 자연스럽게 반복하는 것이 좋다. 미리 받아둔 유인물이 있다면 유인물도 읽어봐야 한다. 선생님들 중에는 수업 마칠 무렵에 어떤 부분을 예습하면 좋을지 알려주시는 분들도 계신데, 선생님의 수업 의도와 계획이 담긴 말씀이므로 교과서 여백에 메모해 두었다가 반드시 그대로 예습하도록 하자. 그렇게 하면 그 다음 수업에 왜 선생님이 그 부분을 예습하라고 하셨는지 스스로 깨닫게 될 것이다. 그러면서 예습과 수업에 재미가 붙는다.

나만의 표시 : 예습을 할 때는 수업을 듣는 상황을 떠올려야 한다. 모르는 단어가 있으면 수업 이해에 방해가 될 테니 미리 뜻을 찾아두고 중요하다고 여겨지는 부분은 밑줄, 설명을 잘 들어야 할 것 같은 부분은 물음표, 이렇게 나만의 표시를 해두자. 이 표시들은 수업을 들을 때 예습했던 내용을 떠올려서 유기적인 사고를 할 수 있게 해준다. 복습할 때 수업 중 필기를 통해 수업했던 내용을 떠올리는 것과 같다. 그렇더라도 모든 내용을 꼼꼼히 기록할 필요는 없다. 예습은 수업 집중을 유도하는 정도가 적당하기 때문이다. 완벽하게 공부를 하면 시간이 많이 걸려 매일 실천하기도 불가능하다.

수업 예상해보기 : 선생님마다 수업하는 스타일이 있다. 문제 풀이를 시키는 선생님, 기습 질문을 하는 선생님, 사진이나 동영상을 자주 보여주는 선생님 등 다양하다. 예습을 하면서 선생님이 어떻게 수업을 진행하실지 예상해보면 재밌다. '이 부분은 소리 내서 읽어보라고 할 것 같은데?', '여기서는 암석 사진들을 보여주겠지?'처럼 수업을 예상해보면 수업을 기대하는 마음도 생기고 수업 중 나의 예상대로 되는지 더욱 집중하게 된다. 내 생각대로 딱 맞아떨어지는 순간에 느껴지는 쾌감은 또 얼마나 즐거운지! 이러한 경험이 다음 예습을 더욱 열심히 하게 만든다. 선행 학습으로는 얻을 수 없는 선순환이다.

📖 생각의 가지를 만드는 예습

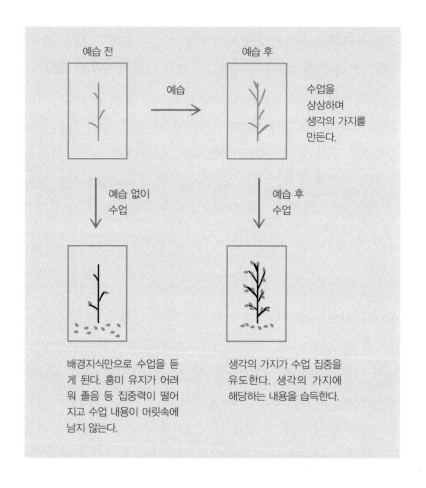

예습 없이 수업을 들으면 현재 활성화되어 있는 지식만으로 수업을 듣게 된다. 수업 내용과 관련된 배경지식이 부족하거나 있더라도 기억이 잘 나지 않으면 흥미 유지가 어려워 졸음이 오

고 집중력이 떨어진다. 자연히 수업 내용이 머릿속에 남지 않고 날아가 버린다. 반면 수업을 상상하며 예습을 하면 수업 내용과 관련된 생각의 가지가 형성되어 수업 집중을 유도한다. 머릿속에서 깜빡거리며 활성화되어있는 지식들이 수업 내용과 만나기 때문에 수업 집중도 수월하고 내용 기억도 잘 된다.

📖 수준에 맞게 예·복습의 강약을 조절하자

예·복습은 그 자체로 수업을 인식하고 준비하는 기능을 한다. 때문에 예·복습 없이 수업을 들으면 공부를 잘하는 아이라도 집중도가 떨어진다. 둘 중 하나라도 반드시 하자. 자신의 수준에 맞게 예·복습의 강약을 조절하면 시간도 절약하고 학습 효과도 키울 수 있다.

흥미가 있고 성적도 괜찮은 과목이라면 예습을 깊게 해보자. 스스로 공부를 충분히 한 후 수업을 들으면 자신이 한 예습에 틀린 부분은 없었는지 점검을 하며 수업을 듣게 된다. 즉 수업이 복습의 효과를 내는 셈이다. 반대로 자신도 없고 성적도 별로인 경우라면 혼자 예습을 할 의욕이 안 생긴다. 그럴 땐 복습에 비중을 두는 것이 좋다. 복습을 하면서 '아, 수업 시간에 한 얘기가 이서였구나' 하면서 내 공부로 만들면 된다.

국어: 새로운 작품이 시작될 때는 전체를 먼저 읽어둔다. 문단별 중심 생각을 적어보면 더욱 좋다. 특히 고전은 내가 한 해석을 연필로 적어본 후 수업 시간에 선생님의 해석과 비교하자.

영어: 본문 전체를 미리 읽어보면 좋지만 한 번에 끝내기는 분량이 많으니 수업 진도에 맞춰 한 페이지씩 읽자. 모르는 단어는 뜻을 찾아보고 해석이 어려운 부분은 표시해두어서 수업 중 집중할 수 있도록 하자.

수학: 예습보다 복습에 시간 투자를 많이 해야 한다. 예습은 개념 이해 중심으로 하고 기본 문제 한두 개만 풀어보자.

사회·과학 : 먼저 학습 목표를 보며 숙지해야 할 내용이 무엇인지 파악한다. 교과서 정독보다는 핵심 용어 중심으로 훑어보는 것이 효율적이다. 본문 중 두꺼운 글씨로 쓰인 단어는 핵심 개념으로 볼 수 있으니 앞뒤 문장을 주의 깊게 읽고 이해되지 않는 부분은 표시해두자.

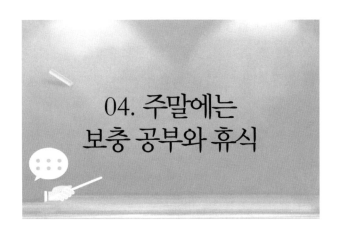

주말에는 공부 부담이 없어야 한다. 푹 쉬어야 월요일의 등교가 가뿐하기 때문이다. 공부를 하더라도 주중에 빠뜨린 공부를 보충하는 것으로 충분하며 그것도 토요일(가능하면 오전 중)에 끝내는 것이 좋다.

📖 토요일 : 주중 빠뜨린 공부 보충

매주 토요일에는 두세 시간 정도의 공부 보충 시간을 정해두고 주중에 밀렸던 공부를 마치도록 하자. 자율 시간은 주 단위로 공부가 밀리지 않게 하는 데에 목적이 있다. 이렇게 '패자부활전'을 마련해두면 공부가 조금 밀렸다고 해서 아예 안 해버리는 일을 막을 수 있다. 패자부활전 공부를 할 때도 '숙제→복습'

의 순서는 변함이 없다.

주말의 공부를 위해서는 금요일부터 준비를 해야 한다. 주중에 적어놓았던 빠뜨린 복습 목록을 보며 교과서, 유인물 등을 챙겨오자.

📖 주말에만 하는 공부

주말에 주중 밀린 공부를 보충하는 것만 해도 훌륭하지만 조금 더 공부 욕심이 난다면 주말에만 하는 공부를 정해도 좋다. 일요일보다는 토요일이 좋은데, 일요일은 온 가족이 집에서 쉬는 분위기라 집중력이 떨어지고 종교 활동이나 가족 행사로 분주하기 때문이다.

입학 후 공부 습관이 자리 잡기 전까지는 주말 공부를 하지 않는 것이 좋다. 평소에 어느 정도의 공부를 할 수 있고, 주말에 얼마만큼의 보충을 하게 되는지 한 달 정도는 지켜봐야 하기 때문이다. 공부 리듬이 안정되어 주말 공부를 추가하려 한다면 패자부활전 공부는 토요일 오전 중에 마치고 추가 공부는 오후 시간에 하는 것이 좋다.

일주일에 한 번 하는 공부이므로 단원 연계성이 없는 것이 좋고 학년과 상관없이 꾸준히 이어갈 수 있는 공부가 적당하다(예: 영어 듣기, 신문 사설 읽기, 수능 기출 단편 문학 읽기, 한자 쓰기 등).

주말에 학원, 과외 등 다른 공부가 잡혀있다면 추가 공부는 하지 말자. 어디까지나 주말은 월~금의 레이스를 위한 쉬는 시간이기 때문이다. 사교육이든 무엇이든 주말에 공부를 하려면 반드시 자율 의지가 바탕이 되어야 한다. 그렇지 않다면 실천율과 학습 효과가 매우 떨어진다.

📖 일요일 : 충분한 휴식

일요일은 늦잠도 자고, 등산, 외식, 집안 청소를 하면서 가족과 함께 느긋한 휴식을 즐기도록 하자. 일주일 중 하루는 완전히 공부와 무관한 날이 필요하기 때문이다. 책을 펼친다 해도 독서 정도여야 한다. 주말에도 학원 보충수업으로 바쁜 학생들의 뇌는 정리 작용을 해내지 못해 지치고, 월요일의 학교 수업 때도 적극성이 떨어진다.

일요일에는 완전히 쉰다는 원칙을 고3까지 유지하자. 이 습관이 몸에 익은 아이들은 하루를 온전히 놀기 위해 토요일까지 해야 할 공부를 모두 마치려고 애를 쓴다. 한 시간이라도 공부를 더 해야 하지 않을까 전전긍긍하지 말자. 공부하는 법만큼이나 쉬는 법을 아는 것도 중요하다.

📖 주말에 볼 텔레비전 프로그램을 미리 정해두자

주말에는 청소년들이 좋아하는 음악, 예능 프로그램들이 연이어 방송하기 때문에 한 번 리모컨을 잡으면 온종일 텔레비전 앞에서 시간을 보내기 쉽다. 충분한 휴식이라 해도 무절제한 생활이 되어서는 안 된다. 텔레비전을 켜기 전에 어떤 프로그램을 볼지 미리 정하자.

평소와 달리 시청 시간을 줄이려고 애를 쓸 필요는 없다. 같은 시간 텔레비전을 보더라도 어떤 프로그램을 얼마나 볼지 인식하고 보는 것이 중요하기 때문이다. 그냥 되는대로 채널을 돌려가며 텔레비전을 보면 충동적으로 시청 시간이 늘어나기 마련이다. 금요일 저녁에 아래와 같은 목록을 작성해보자.

TV 시청 계획표 양식

프로그램 이름	방송 예정		실제 시청		지키지 못한 이유
	날짜	시간	날짜	시간	

📖 공휴일도 주말과 비슷하게

개교기념일, 재량 휴일, 법정 공휴일 등 갑자기 주어진 쉬는 날은 누구에게나 선물 같은 날이다. 공휴일은 규칙적으로 생기는 시간이 아니라서 공휴일을 위한 공부를 정할 수는 없다. 기본적으로 주말과 비슷하게 보내면 되는데, 우선 빠뜨린 숙제와 복습을 하고 남는 시간은 자유롭게 쓰면 된다. 체험 활동이나 수행평가 과제를 하는 것도 좋다.

05. 주간 학습 계획

하교 후 휴식 및 숙제, 매일 복습, 추가 공부, 주말 시간 활용 등 앞서 이야기한 내용들을 일주일의 생활 속에 반영해보면 다음에 나오는 주간학습 계획 예시와 같은 모습이다. 공부의 기본 원칙들이 어떻게 적용되는지 각 항목의 내용을 구체적으로 살펴보자.

단, 모범 사례로 참고하되 이대로 따라하려 해서는 안 된다. 이 계획표는 수년 간 실천하고 수정하기를 반복해서 이러한 모습으로 귀결된 것이지, 처음부터 이 상태로 출발한 것은 아니기 때문이다. 나의 공부 계획표는 백지에 식사, 취침 시간 정도만 표시한 상태에서 출발해야 한다.

① 하교 후 간식 및 휴식 : 학교에서 돌아오면 몸과 마음에 모두 휴식이 필요하다. 옷을 갈아입고 간식을 먹는 등 자연스러운

시	분	일 10/24	월 10/18	화 10/19	수 10/20	목 10/21	금 10/22	토 10/23
16	:00~:30		① 하교 후 간식 및 휴식					④ 주중 밀린 공부 및 자율 시간
	:30~:00							
17	:00~:30							
	:30~:00		② 과제, 복습문제 풀이					
18	:00~:30	⑥ 가족과 함께 전일 휴식						
	:30~:00							⑦ TV 및 저녁 식사
19	:00~:30		저녁 식사					
	:30~:00		독서					
20	:00~:30		매일 공부 시작 전 10분 영단어 공부					
	:30~:00		③					⑤ 영어 듣기
21	:00~:30		수학 심화	영어 심화	수학 심화	영어 심화	수학 심화	
	:30~:00							
22	:00~:30		⑦ 드라마					
	:30~:00	독서			독서			
23	:00~				취침			

휴식이 좋으며 텔레비전을 보거나 게임을 하는 것은 한없이 늘어질 수 있으니 삼가자. 30~40분 정도 휴식하면 적당하나 매일 하교 시간에 차이가 있으니 요일과 상관없이 '5시까지 휴식'같이 정해두어도 괜찮다.

② 과제, 복습 문제 풀이 : 휴식이 끝나면 가장 먼저 숙제를

해야 한다. 검사일이 한참 남았더라도 받은 날 바로 끝내는 것을 원칙으로 하자(하루에 끝낼 수 없는 숙제는 어떻게 숙제를 해나갈 것인지에 대한 틀을 정하는 것까지 하면 된다).

숙제를 모두 마쳤다면 그날 배운 부분을 반드시 복습한다. 숙제가 없는 날은 바로 복습을 시작하면 된다. 복습을 위해 주요 과목만이라도 교과서, 노트, 유인물 등 학교에서 수업한 자료들을 집에 가져와야 하며 문제집에서 오늘 배운 내용에 해당하는 문제를 골라 푼다.

문제를 푸는 동안 모르는 것은 교과서, 유인물, 노트에서 찾고 틀린 문제를 다시 풀 때도 마찬가지로 교과서, 유인물, 노트를 참고한다(문제집의 요약정리, 모범 해설은 가능한 한 보지 않는다). 이 과정을 통해 학교 수업 자료를 구석구석 복습하게 된다.

공부도 준비운동이 필요하다

이 학생의 계획표를 보면 저녁 식사 후 바로 공부를 하지 않고 30분 정도 독서 시간이 있다. 여기에도 특별한 이유가 있는데, 식사 후 바로 공부를 하려니 잡념이 생기고 꼼지락거리는 등 바로 집중이 되지 않는 문제가 있었던 것이다. 차분히 공부할 분위기를 만들고 두뇌와 시력을 다시 책으로 옮겨올 중간 단계를 찾은 것이 바로 독서였다. 따라서 이때의 독서는 푹 빠져들 만큼 흥미로운 책이어야 한다. 이 학생은 만화책이나 추리소설을 주로 읽었는데 효과가 매우 좋았다. 자연스럽게 책상에 앉을 수 있었고 독서 분량도 상당해서 독서의 재미까지 즐기며 학교에도 책을 들고 다녔다. 휴식 후 다시 공부를 시작할 때는 누구나 초기 집중이 어렵다. 음악을 듣거나 책을 읽는 등 자신에게 맞는 '공부 준비운동' 방법을 찾아보자.

③ 추가 공부 : 저녁 식사 후 잠들기 전까지는 학원 수업이나 인터넷 강의 등 추가 공부가 이루어지는 시간이다. 이 시간을 내 공부로 채워보자. 단 숙제를 미루지 않고 매일 복습이 충분히 몸에 익은 후에 시작해야 한다.

처음에는 30분 이내의 가벼운 분량으로 시작하고 규칙적인 실천이 계속된다면 분량을 조금씩 더해가자. 매일 공부가 어렵다면 요일을 정해도 좋다. 이 학생의 경우 처음에는 수학 문제집 풀기로 시작했는데 매일 수학만 하는 것이 지겹기도 하고 영어 공부의 필요성이 생기기도 해서 격일로 영어 독해를 추가했다.

④ 토요일에는 주중 밀린 공부하기 : 주중에 밀린 복습이나 추가 공부가 있다면 그 주를 넘기지 말고 해결해야 한다. 토요일 중 두세 시간 정도를 구분하여 주중 빠뜨린 공부를 보충하도록 하자. 특히 추가 공부의 경우 보충의 수준을 넘어 주중의 공부를 모두 몰아 하는 정도라면 주중 공부 분량을 줄이든지 아예 없애는 등 공부 계획의 수정이 필요하다.

⑤ 주말에만 하는 공부 : 오전 중에 밀린 공부를 모두 마치는 것이 몸에 익었다면 오후에는 주말에만 하는 공부를 정해보자. 꼭 교과 공부여야 할 필요는 없으며 주말에만 하는 운동, 악기 배우기도 좋다.

주말 공부를 위해 교재를 정한다면 얇은 것을 권한다. 책 펼치기에 부담이 없어야 할 뿐 아니라 책이 끝나는 성취감도 매우 중요하기 때문이다.

⑥ 일요일에는 가족과 함께 전일 휴식하기 : 일요일에는 공부 계획이 없어야 한다. 외식, 장보기, 세차, 산책 등 가족과 함께 시간을 보내며 사소한 대화를 나누는 것은 사춘기 정서 관리에 매우 중요하다. 가족 간의 대화 시간과 성적은 비례한다는 연구 결과가 있을 정도이니 정서 관리뿐 아니라 성적 관리를 위해서라도 가족과 함께하는 시간은 꼭 필요하다. 가족과 함께할 수 없다면 조용히 내 시간이라도 가져야 한다. 주말 내내 학원 보충수업으로 좀처럼 나만의 시간을 가질 수 없다면 조정을 하자.

⑦ 텔레비전 시청 계획 : 텔레비전은 많이 보는 것보다 생각 없이 이것저것 보는 것이 더 위험하다. 주말 예능 프로그램, 늘 챙겨보는 드라마가 있다면 처음부터 그 시간을 텔레비전 시간으로 정해놓자.

공부 계획은 자연스러운 일상생활을 바탕에 두어야 한다. 평소 늘 보는 드라마, 늘 자던 시간, 늘 하던 식사 시간을 중심으로 틀을 잡고 거기에 공부를 하나씩 추가하자. 완벽한 공부 계획이란 있을 수 없다. 매일 실천하고 수정하기를 반복하는 것만이 공부 계획을 유지하는 가장 좋은 방법임을 명심하자.

5장

시험공부

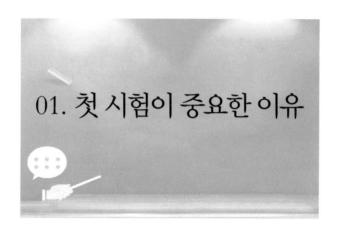

01. 첫 시험이 중요한 이유

　화창한 5월 어느 토요일, 창윤이가 중간고사 성적표를 들고
상담실을 찾았다.

　"첫 시험치고는 잘한 것 같은데?"

　"그래요? 학원 선생님은 이 성적 가지고는 전문대도 못 간대요."

　"시험공부는 열심히 했었니?"

　"아뇨. 그냥 교과서랑 유인물 받은 거 몇 번 훑어봤어요."

　"문제집은?"

　"못 풀었어요."

　"왜?"

　"시간이 없었어요."

　"수학은 굉장히 잘했는데?"

　"처음에는 백 점 맞은 줄 알았는데 제가 답을 잘못 쓴 게 두

개 있더라고요.”

“주요 과목은 대체로 잘했는데 체육은 뭐가 어려웠니?”

“무슨 체조 순서 쓰는 게 있었는데요, 그걸 하나도 몰랐어요.”

“기술·가정은 왜 못 봤어?”

“모르겠어요. 왜 못 봤는지.”

“영어 본문은 다 외웠어?”

“본문은 외웠어요. 그런데 영작해서 쓰는 걸 잘 못했어요.”

과목	석차
국어 : 83	
수학 : 92	
도덕 : 78	
과학 : 86	반 석차 : 10/32
사회 : 72	전교 석차 : 112/318
체육 : 65	
기술·가정 : 58	
영어 : 76	

창윤이는 전형적인 중1 학생의 모습이다. 주요 과목은 학원에서 다 했으니 다른 과목보다 나은 편이지만 영작은 스스로 해내야 하니 감점을 면할 수 없었던 것이다. 다른 과목은 시험 직전에 벼락치기를 한 모양이다. 시간이 없어 문제도 다 못 풀고 그나마도 체육과 기술·가정은 그냥 백지 상태로 답안지를 낸 것이다.

📖 첫 시험은 다음 공부의 기준

반에서 10등이라는 결과만 본다면 창윤이의 첫 시험은 그리 나쁘지 않다. 하지만 최선을 다하지 못했다는 점이 아쉽다. 실수가 없었는지 검토를 한 번만 더 했다면 수학은 만점을 받았을 것이고, 공부를 미리미리 해두었다면 문제집도 풀고 중요한 내용을 외울 수도 있었을 것이다. 이렇게만 해도 과목마다 두세 문제 이상은 더 맞추지 않았을까? 그러면 반 등수도 5등 안으로 들어왔을 것이다.

첫 시험이 중요한 이유는 앞으로 할 공부의 기준이 되기 때문이다. 10등 성적표를 받은 창윤이는 자신을 10등짜리로 여겨버린다. 다음 시험에서 8등이나 6등만 해도 '조금이라도 올랐으니 다행이다'라고 생각하는 것이다. 첫 시험에서 5등을 했다면 어떨까? 창윤이는 다음 시험에서 3등이나 2등으로 올라가려고 애를 쓸 것이고 결국 1, 2등 성적표를 받게 될 확률도 훨씬 높다.

📖 최선을 다했다는 경험이 중요

최선을 다한다는 것은 '내가 할 수 있는 노력을 전부 한다'는 걸 의미한다. 그렇게 했을 때 비로소 내 성적이 되는 것이나. 최선을 다했을 때 내가 어느 정도 점수를 받는지 판단할 수 있고 다음에 보완할 부분을 찾아내기도 쉽다. 이렇게 공부하는 학생은 최선을 다한다는 기준이 점점 높아진다. 노력의 질이 향상되는 것이다.

공부는 열심히 할수록 잘하게 되는 법이다. 그러니 '첫 시험을 너무 잘 보면 다음 시험에서 실망하지 않을까요?'라는 걱정은 할 필요가 없다. 정말로 첫 시험을 잘 봐서 다음 시험 성적이 오히려 떨어질 수도 있다. 하지만 판단의 기준은 점수가 아니라 '최선을 다했느냐'의 여부로 하는 것이니 부담을 가질 필요 없다.

 Q&A 중학교 가면 정말 성적이 떨어지나요?

Q. 이번에 중학교에 입학하는 윤O재라고 합니다. 중학교에 가면 성적이 떨어진다는 얘길 정말 많이 들었습니다. 우리 언니도 초등학교 때는 제 공부 다 가르쳐주고 자기도 되게 잘했었는데 중학교 가서는 시험 볼 때마다 혼나요. 저도 중학교 가면 성적이 떨어질까요? 걱정되고 무서워요.

A. 예비 중1들의 가장 큰 관심사는 바로 '중학교에 가면 정말 성적이 떨어지나?'일 것입니다. 많은 학생들이 중학생이 된 후 성적이 떨어진다고 느낍니다. 즉 실제로 실력이 떨어지는 건 아니라는 거죠. 초등학교 때는 칭찬 위주의 서술형 평가를 하지만 중학교에서는 점수는 얼마고 평균은 얼마인지 구체적인 숫자로 표시를 할 뿐 아니라 친절하게도 전교 평균 점수와 반 평균 점수도 모두 알려주어 상대적인 비교

를 하게 만듭니다. 요즘은 많이 완화되어 성적표에 등수를 기록하지는 않는 추세이지만 담임선생님에 따라 등수를 손으로 적어주기도 하며 학부모 상담 시 궁금하다며 묻는 엄마들에게는 알려주기도 하죠. 그러니 중학교에 가서 성적이 떨어졌다고 느끼는 것은 지금까지 몰랐던 나의 위치를 알게 된 충격 때문인 거예요.

초등학교 때까지 '난 원래 잘하니까'라고 믿어 왔던 희망이 현실적인 숫자들 앞에 무너지는 거죠. 더 큰 문제는 그렇게 실망을 한 학생들이 학습 의욕을 잃어버린다는 것입니다. 점점 더 공부하기가 싫어지고 성적은 점점 더 떨어져요. 이런 속사정을 잘 모르는 사람들은 그저 점수만 보고 중학교 가더니 성적이 떨어졌다고 말하는 겁니다. 그러니 점수에 연연하지 마세요. 성실히 내 노력만 다하는 것이 중요합니다. 그래야 내 성적을 지킬 수 있어요.

02. 시험공부는 언제부터 하나요?

시험공부에 대한 이야기를 하면 학생들은 시험공부를 언제부터 하는 것이 좋으냐고 묻는다. 그 바탕에는 평소 공부와 시험공부를 구분하는 마음이 깔려 있다. 평소에는 그냥 학교, 학원만 왔다 갔다 하다 시험이 다가오면 텔레비전도 절제하고 엄마 눈치도 봐야 하며 계획표 같은 것도 세워야 하니 뭔가 평소랑은 다르지 않느냐는 것이다.

물론 분위기상 그럴 수는 있겠지만 실제 학습 내용 면에서는 전혀 그렇지 않다. '시험용 공부'라는 것이 따로 있을 수 없으니 언제부터 시험공부를 해야 하느냐는 질문은 적절하지 않다. 늘 해오던 매일 복습이나 수업 집중 등의 평소 공부가 가장 완벽한 시험공부이기 때문이다. 그러니 평소 공부를 성실히 하지 않고 시험이 가까워오자 "시험공부는 언제부터 해야 되나요?"라고 묻는 것은 이미 시험공부를 절반 이상 날려먹은 상태라고 봐야 한다.

📖 시험 2주 전 : 시험공부 시작

이런 전제를 두고서도 굳이 시험공부를 시작할 시기를 이야 기하자면 2주 전이 적당하다. 물론 학원 전단지나 공부 다이어 리 같은 걸 보면 '3주 전 프로젝트', '4주 전 프로젝트' 같은 말들 이 나오는데 사실 말만 3주, 4주이지 그 속을 들여다보면 결국 예습, 복습을 열심히 하자는 것에 불과하다.

한 달 전부터 시험 대비를 시킨다는 학원에서도 아이들을 붙 잡아놓고 그날 수업 내용을 써보게 한다든지 주요 내용을 외우 게 하는 것이 전부다. 학생들이 체감하기에도 시험 3~4주 전은 시험에 대한 긴장감이 생기기 이르다. 시험 범위도 정해지지 않 았고 수업 진도도 얼마 나가지 않은 상태라 시험공부를 한다 해 도 뭐 할 만한 게 없기 때문이다.

학생들이 시험에 대해 인식하는 것은 선생님이 수업 시간에 시험 범위에 대한 언급을 할 때다. 선생님들도 서서히 시험에 대한 회의를 시작하고 교무실 문에 '시험문제 출제 중 출입 금 지' 안내문이 붙는 이때가 바로 시험 2주 전이다. 우리들도 이때 부터 시험에 대해 긴장하면 된다.

	학습 성격	학습 도구	학습 방법
1단계 (평소 공부)	공부 기반 다지기 지식 쌓기	학교 수업 자료 문제집 1	1. 학습 목표를 확인하여, 교과과정에서 무엇을 알아야 하는지 파악한다. 2. 예습 복습을 지키며 학교수업에 집중한다. 3. 수업 진도만큼 문제를 풀며 내가 공부해야 할 것을 찾는다.
2단계 (시험 2주 전)	공부 방향 결정	최근 기출문제	1. 기출문제를 살피며, 문제유형과 핵심 지식을 파악한다. 2. 평소 공부에서 밀린 복습, 문제풀이를 보완한다. 3. 1단계의 공부를 그대로 유지한다.
3단계 (시험 1주 전)	지식 응용하기	학교 수업 자료 문제집 2	1. 이해가 안 되는 부분을 보충하며, 암기를 시작한다. 2. 1단계에서 풀었던 문제집 복습. 또는 다른 문제집을 한 권 더 푼다. 3. 시험 전날 확인할 내용에 표시하여 공부한다.
4단계 (시험 기간)	지식 다지기 최종 점검	1~3단계에서 공부했던 모든 자료	1. 공부 흔적을 복습하며 지식을 다진다. 2. 실수가 많은 부분, 암기가 요구되는 내용을 다시 본다. 3. 시험 당일 아침 확인할 내용에 표시하며 공부한다.

평소 공부 유지

시험 2주 전, 교무실에 안내문이 붙을 무렵 선생님들 머릿속은 온통 시험에 대한 생각뿐이다. 따라서 이때의 수업은 그 어느 때보다 집중해야 한다. 하교 후에도 배운 부분을 철저히 복습하여 평소 공부가 그대로 시험공부가 될 수 있도록 하자.

시험이라 해서 평소 해오던 공부를 중단하는 것은 좋지 않다. 그렇게 되면 시험 후 다시 공부를 시작하기도 싫어질 뿐 아니라 공부의 연결성이 떨어지기 때문이다. 무엇보다 마음속에 '원래 시험 때는 그렇게 하는 거야'라는 생각이 자리 잡으면 곤란하다. 시험 기간은 평소 하던 공부에 시험공부를 더하는 기간이지, 평소 하던 공부를 중단하고 시험공부를 하는 기간이 아니다.

📖 시험공부의 시작은 밀린 복습

평소 공부는 수업 집중과 예·복습이다. 여기에 시험공부를 더한다면 제일 먼저 무엇을 해야 할까? 평소에 성실히 해내지 못해 밀린 복습이다. 그렇더라도 잠자는 시간을 줄이는 등 유난을 떨 필요는 없다. 수업 분량이 적어서 복습 분량도 적은 날, 수업이 없는 주말이나 공휴일, 체험 학습일 등을 활용해 밀린 복습을 하자. 평소라면 수업이 없는 날은 복습도 없으니 여유를 부릴 수 있지만 시험이 가깝다면 그간 부족했던 공부를 보충하는 시간을 가져야 한다.

📖 기출문제 점검

평가의 공정성과 학생들의 학습 도움을 위해 지난 시험문제를 공개하는 학교들이 있다. 학교 홈페이지에 올려두거나 도서관에 비치하는데 그런 경우에는 시험 대비가 훨씬 수월하다(저작권에 대해 논란의 여지가 있긴 하지만 인터넷에서 구입할 수도 있다). '기출

문제는 모든 공부를 마친 후에 최종 점검을 위해 풀어야 하는 게 아닐까?'라고 생각하는 학생들도 있을 것이다. 하지만 그렇지 않다. 기출문제는 시험공부를 시작하는 시점에서 봐야 한다. 기출문제를 기준으로 시험공부의 방향을 결정해야 하기 때문이다.

기출문제를 공부할 때는 '문제를 구경한다'는 마음으로 편안하게 훑어보면 된다. 그렇게 살펴보면서 과목별로 교과서를 펼쳐 기출문제가 나온 단원과 해당 내용, 도표, 그림 등에 표시를 한다. 이렇게 하다 보면 자연스럽게 어떤 단원이 중요하고 어떤 내용이 자주 출제되는지, 문제 유형은 어떤지를 알게 되어 공부 방향을 잡을 수 있다.

똑같은 문제가 나오는 것도 아닌데 기출문제를 뭐하러 보느냐는 아이들도 있다. 어디 기출문제뿐인가? 문제집이나 학교 유인물에 나온 문제들도 똑같은 건 시험에 나오지 않는다. 기출문제를 공부하는 이유는 기출문제가 포함하고 있는 내용이 무엇인지 알기 위해서다.

교육 과정의 학습 목표와 평가 항목은 크게 변하지 않기 때문에 작년에 문제화되었던 내용은 또다시 문제로 다뤄질 수밖에 없다. 그러니 기출문제가 포함하는 모든 내용, 문제가 묻는 내용은 물론 보기에 나온 내용들까지 세심하게 공부할 필요가 있다. 더 나아가 이 내용으로 내가 문제를 낸다면 어떻게 낼 것인지 예상문제를 내보면 가장 좋다. 나와 실력이 비슷한 친구가 있다면 서로 예상문제를 내서 바꿔 푸는 공부를 해보자.

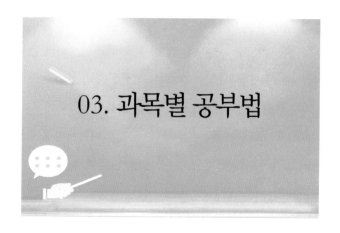

중1들은 시험을 앞두고 혼란에 빠진다. 여러 과목을 한꺼번에 공부해야 하니 무슨 책부터 잡아야 할지 엄두가 나지 않고 책을 펼쳐도 어떻게 공부해야 할지 막막한 것이다. 시험 전 챙겨야 할 과목별 공부 요령을 알아보자.

📖 공통 : 단원별 학습 목표 확인

교과과정의 모든 시험은 학습 목표를 달성했는지 여부를 측정하기 위함이다. 따라서 시험을 앞두고 가장 먼저 확인해야 할 사항은 단원별 학습 목표다. 예를 들어 '식물의 구조와 기능'에 속하는 소단원 '뿌리'에 두 가지 학습 목표가 있다고 하자. 첫째는 '뿌리의 구조를 이해하고, 물과 양분이 흡수되는 과정을 설명할 수 있다' 둘째는 '식물의 생장에 필요한 원소를 나열할 수 있다'다. 학습 목표로 미뤄볼 때 뿌리의 구조를 이해했는지(예 : 그림을 보고 뿌리 구조에 해당하는 명칭과 기능 알기), 물과 양분이 흡수되는 과정을 설명할 수 있는지(예 : 물과 양분이 흡수되는 과정의 차이 및 각각의 순서), 식물의 생장에 필요한 원소를 나열할 수 있는지를 묻는 문제를 예상해볼 수 있다.

평소에는 예 · 복습 위주로 공부하니 단원 전체의 학습 목표를 파악하는 데는 소홀했을 것이다. 어떤 과목이든 시험 범위를 공부할 때는 학습 목표를 확인하여 공부의 방향을 잡고, 한 단원 공부를 마무리할 때는 학습 목표의 내용을 설명해보도록 하자.

📖 국어 : 문학은 지문 전체 읽기, 문법은 다양한 문제 연습

국어는 단원 특성에 따라 공부 방법을 달리해야 한다. 보통 말하기 · 듣기, 읽기, 쓰기로 구분되는데 말하기 · 듣기는 평이한 내용이라 공부하기에 어렵지 않다. 읽기는 문학, 수필, 논설문 등 긴 본문이 나오는 파트, 쓰기는 문장부호, 작문, 문법 등이다. 이 중 학생들이 어렵게 느끼는 부분은 문학과 문법이다.

문학은 지문의 길이가 길고 시험에 나올 만한 내용을 직접 전달하는 글이 아니어서 무엇을 공부해야 할지 잘 모른다. 그래서 다른 과목 공부하듯 밑줄 긋고 필기한 부분을 외우기만 하는데, 문학은 세부 사항보다 글 전체의 이해가 중요하다. 공부를 시작하기 전에 작품을 처음부터 끝까지 두세 번 읽자. 읽으면서 문단의 순서와 맥락, 작품의 배경과 주제, 등장인물의 성격, 작품에서 중요한 역할을 하는 낱말이나 문장 등을 필기를 보지 않고 대략 떠올릴 수 있다면 성공이다.

문법은 헷갈리는 것투성이다. 일반적인 규칙 외에 예외 사항이나 변형, 바른 표현, 표준어 등 외워야 할 것들이 제법 등장한다. 교과서의 예제로는 부족하며 다양한 문제를 통해 충분한 연습을 하는 것이 좋다. 내가 가지고 있는 문제집은 물론 친구나 선생님 문제집을 빌려 문법 파트만 살펴보자.

인터넷에서 문제를 다운받는 방법도 있지만 컴퓨터를 켰다가 다른 것에 정신이 팔리는 경우가 많고 프로그램 오류나 회원 가입, 프린터 고장 등 짜증나는 일들이 많이 생기기 때문에 가능하면 책으로 보는 것이 좋다.

다양한 문제를 봐야 한다면 서점에서 공부하자

국어는 분량이 많아 가지고 있는 문제집 한 권을 풀기도 만만치 않다. 하지만 문법 부분은 다양한 문제를 풀어보는 것이 좋으니 내가 가지고 있는 문제집 한 권으로는 충분한 연습을 하기 어렵다. 교과서와 같은 출판사의 문제집을 사는 경우가 많으므로 나와 다른 책을 가진 친구를 찾기도 쉽지 않고 선생님 책을 빌리자니 부담스럽다. 그렇다고 다 풀지도 못할 문제집을 여러 권 살 수도 없는 일. 그럴 때 가야 하는 곳이 바로 서점이다. 서점에 들러 이 책 저 책 문법 부분만 살펴보는 것이다. 공부가 어느 정도 되어 있다면 짧은 시간 서서 공부를 해도 상당한 분량을 볼 수 있다.
국어 문법뿐 아니라 수학의 취약 유형이나 사회의 지도 문제, 과학의 헷갈리는 실험 등 다양한 문제를 공부해야 하는 경우 서점에 들러 보자.

📖 영어 : 본문 암기

중학교에서 영어를 가르치는 김명희 선생님은 영어를 잘하는 방법에 대해 아주 간단하게 설명한다.

"암기와 반복이죠. 특히 암기가 중요해요. 읽기, 쓰기, 문법 모두 암기를 빼고는 이루어질 수 없거든요. 듣기도 그렇고요. 말을 하려면 머릿속에 외운 내용이 있어야 하고 내 입으로 말할 수 없는 것은 들리지도 않습니다. 영어는 암기 과목이에요. 학생들이 이 점을 간과하지 않았으면 좋겠습니다."

영어 공부를 위한 특별한 비법이 있다면 얼마나 좋을까? 하지만 김명희 선생님뿐 아니라 영어를 전공한 교수님이나 아이비리그를 졸업한 유학생처럼 오랫동안 영어 공부를 해 온 사람들은 영어를 가장 빠르고 정확하게 공부할 수 있는 방법에 대해 입을 모아 '암기'라고 말한다. 30분 이상 영어로 외울 것이 없다면 30분 이상 영어로 말할 수도 없다는 것이다.

이 '진리'는 중학교 내신에서도 그대로 적용된다. 게다가 중학교 영어 교과서에는 가장 필수적이고 기본적인 영어 문법과 단어, 숙어가 그대로 적용된 문장들이 가득하다. 수능 영어는 물론 토익, 토플, 텝스 등 나중에 공부하게 될 영어 시험의 기반이 되는 문장들이니 중학교 3년 동안 교과서 본문의 모든 문장을 외우기로 다짐하자. 당장의 시험을 위해서는 물론 평생의 영어 실력을 위해 꼭 실천해야 할 일이다.

시험을 앞두고 한꺼번에 외우는 것은 지겹고 어렵다. 가장 좋은 방법은 평소에 수업 진도 나갈 때마다 복습 삼아 진도만큼 조금씩 외우는 것이다. 전치사와 소유격, 복수형, 인칭 등 실수하기 쉬운 부분이 많으니 느리더라도 정확하게 외우도록 하자.

해석을 먼저 보고 문장을 만들어보자

본문을 외우라고 하면 보통은 영어 문장만을 보고 외우려 하는데, 우리말 해석을 보며 거꾸로 문장을 만들어보면 영작 연습이 함께 되어 좋다.

외우고자 하는 문장을 2~3회 반복해서 읽고 문장을 가린 후 한 번 써본다. 기억이 나지 않는 부분은 빈칸으로 남겨두고 한글 해석을 보며 떠오르는 것들을 채워 넣는 것이다.

이렇게 영어 문장을 만드는 연습을 하면 서술형 문제를 풀 때도 큰 도움이 된다. 외워두었던 교과서 문장에 단어를 바꾸기만 해도 훌륭한 답이 되기 때문이다. 실수 없는 문장을 쓸 수 있는 가장 좋은 방법이기도 하다.

📖 수학 : 취약 유형 골라 풀기

다른 과목들은 문제집 한 권도 제대로 없으면서 유독 수학만큼은 어느 집이나 여러 권의 문제집이 있다. 다니던 학원에서 쓰던 교재, 선행 학습한다고 샀던 책, 인터넷 강의를 신청하고 받은 문제집 등 다 풀지 못하고 책장에 꽂혀 있는 문제집들은 시험 때 활용하면 된다.

평소 자주 틀리거나 어려웠던 문제 유형만 골라 집중적인 연습을 하는 것이다. 평소 복습용으로 푸는 문제집은 한 권으로 충분하며 나머지 문제집은 취약 유형 문제만 골라서 푸는 용도로 사용하자.

📖 사회, 과학, 도덕, 기술·가정 : 문제집 오답 설명 적기

사회, 과학 등 구체적으로 기억할 내용이 많은 과목은 문제집을 활용하는 것이 최선이다. 교과서만 읽어서는 요점이 무엇인지 알 수 없으니 문제를 보며 중요한 내용을 파악하고, 문제의 함정이나 객관식의 보기들을 통해 세부적인 사항을 반복하자. 그러기 위해서는 문제에 담긴 '모든 내용'을 공부해야 한다(문제를 풀어 맞고 틀린 것은 중요하지 않다).

예를 들어 답이 5번이라면 보기 1번부터 4번까지는 왜 답이 될 수 없는지 모두 설명을 써보는 것이다. 시험 범위의 모든 문제를 이렇게 공부하면 중요한 내용, 자주 출제되는 내용, 헷갈리는 내용을 지겹도록 반복하게 된다. 같은 문제는 없어도 보기가 중복되는 경우는 많기 때문이다. 자연스럽게 이해와 암기가 되므로 암기를 싫어하는 학생들에게 특히 효과 만점이다.

📖 음악, 미술, 체육, 기타 : 벼락치기하지 않도록

나는 학생들의 성적표를 볼 때 예체능, 기타 과목을 먼저 본다. 평소 학습 태도를 가늠하기 위해서다. 이 과목들은 어려워서 못하는 것이 아니다. 실기는 어쩔 수 없는 부분이 있다 해도 필기시험은 시간을 내고 마음만 먹으면 얼마든지 만점에 가까운 점수를 받을 수 있다.

시험 전날 벼락치기로 공부해서도 안 되며 수업 시간에 한 번, 그날 오후 복습하며 또 한 번, 시험 1주 전 한 번, 시험 전날 한 번, 시험 날 아침 마지막으로 또 한 번. 이렇게 다섯 번은 보고 시험에 임해야 한다. 모든 과목은 동일하게 중요하며 무엇이든 나에게 주어진 공부는 최선을 다해야 함을 명심하자.

사실 기타 과목까지 이렇게 공부하려면 나머지 과목들의 공부가 탄탄하게 진행되고 있어야 한다. 주요 과목은 평소에 열심히 하고 시험이 가까울수록 암기 과목, 기타 과목에 시간을 충분히 쓰도록 하자.

04. 시험 1주 전

시험 1주 전은 그동안 해온 시험공부를 다듬는 기간이다. 부족한 부분은 보완하고 중요한 부분은 깊이 있게 파고들어야 한다. 집중적인 암기가 이루어져야 하는 기간이기도 하다.

시험이 다가올수록 학교에서 자습 시간도 많아진다. 수업이 없으니 예·복습도 없고 공부시간 확보는 훨씬 수월해진다. 무엇을 공부해야 할지 명확히 인식한다면 시간이 부족해 공부를 못하는 경우는 없을 것이다.

평소 공부 유지

시험이 당장 코앞이라 해도 결코 예·복습을 내던져서는 안된다. 오히려 더욱 수업에 집중해야 하며 예·복습에 열을 올려야 한다. 시험 1주 전이 되도록 시험 범위 진도를 다 나가지 못한 과목이라면 쓸데없는 내용으로 수업 시간을 보낼 리 없기 때문이다. 이미 시험문제가 출제된 후에 진행되는 수업이므로 수업 중 반드시 기출 내용이 언급될 수밖에 없다.

시험 대비 학습 과정

	학습 성격	학습 도구	학습 방법
1단계 (평소 공부)	공부 기반 다지기 지식 쌓기	학교 수업 자료 문제집 1	1. 학습 목표를 확인하여, 교과과정에서 무엇을 알아야 하는지 파악한다. 2. 예습 복습을 지키며 학교수업에 집중한다. 3. 수업 진도만큼 문제를 풀며 내가 공부해야 할 것을 찾는다.
2단계 (시험 2주 전)	공부 방향 결정	최근 기출문제	1. 기출문제를 살피며, 문제유형과 핵심 지식을 파악한다. 2. 평소 공부에서 밀린 복습, 문제풀이를 보완한다. 3. 1단계의 공부를 그대로 유지한다.
3단계 (시험 1주 전)	지식 응용하기	학교 수업 자료 문제집 2	1. 이해가 안 되는 부분을 보충하며, 암기를 시작한다. 2. 1단계에서 풀었던 문제집 복습, 또는 다른 문제집을 한 권 더 푼다. 3. 시험 전날 확인할 내용에 표시하여 공부한다.
4단계 (시험 기간)	지식 다지기 최종 점검	1~3단계에서 공부했던 모든 자료	1. 공부 흔적을 복습하며 지식을 다진다. 2. 실수가 많은 부분, 암기가 요구되는 내용을 다시 본다. 3. 시험 당일 아침 확인할 내용에 표시하며 공부한다.

특히 예체능 과목은 시험 1주일 전에 이론 수업이 이루어진다. 유인물이든 교과서든 중요 내용을 찍어주는 식으로 진행되기 때문에 수업 집중은 물론 꼼꼼한 복습이 필수적이다. 이런 경우 복습이 곧 시험공부가 된다.

📖 2일 전부터는 첫날 과목 공부

시험 첫날의 성과는 이후 시험에도 영향을 준다. 벼락치기로 쫓기듯 공부하여 허둥지둥 첫날 시험을 치르고 나면 나머지 과목들도 학습 의욕이 생기지 않는다. 따라서 첫날 과목은 충분히 공부를 하고 안정적으로 시험을 치를 필요가 있다. 시험 이틀 전부터는 첫날 과목에 집중하자. 시험 1주 전의 7일 중 5일 동안 나머지 과목을 정리하고 2일은 첫날 과목을 공부하면 된다. 예를 들어 시험 기간이 4월 30일에서 5월 2일까지라면 4월 28일과 29일은 시험 첫날 보는 과목 공부에만 전념한다.

시험 1주 전 과목 배분 전략

일	월	화	수	목	금	토
4/20	21	22	23	24	25	26
				둘째, 셋째 날 과목 공부		
27	28	29	30	5/1	2	3
	첫날 과목 공부			시험 기간		

📖 문제집 복습 or 문제집 한 권 더

시험 1주 전이 되면 시험 범위의 수업이 모두 끝난다. 수업 진도에 따라 복습 문제 풀이를 제대로 했다면 문제집도 전부 풀려있어야 한다. 평소 공부를 충실히 해서 시험 범위의 문제를 다 풀었다면 문제집을 다시 한 번 복습하거나 출판사가 다른 문제집을 한 권 더 풀어보자. 풀었던 문제를 다시 복습하는 것은 꼼꼼한 공부를 위해 좋고 다른 문제집을 푸는 것은 다양한 문제로 응용연습을 할 수 있어서 좋다.

특히 암기 과목은 문제를 통해 이해가 깊어지므로 내용 기억에 도움이 된다. 분량이 많은 국어는 문법 등 헷갈리는 단원이나 자신 없는 부분만 골라서 풀어도 좋으며 수학도 취약한 유형의 문제만 골라 풀면 된다.

📖 시험 전날 다시 볼 것 체크

시험 기간에는 반나절 동안 두세 과목을 정리해야 하기 때문에 시험 1주일 전에는 시험 기간의 공부를 준비해야 한다. 시험 전날 다시 볼 것을 미리 정해두는 것이다. 헷갈리는 문제나 다시 한 번 외워두어야 할 것 등은 눈에 잘 띄도록 표시하여 시험 전날 지체 없이 공부할 수 있도록 하자.

올백 문제집 꼭 살 필요 없다

시험이 다가오면 학교 앞 서점에는 '올백 문제집'이라는 것이 깔린다. 시험용으로만 공부하도록 교과서의 1/4에 해당하는 분량만큼 전 과목 문제집을 얇게 편집해서 묶어놓은 것인데, 그 묶음 포장에 학교 이름까지 붙여놓았으니 그 학교 학생이라면 눈길이 안 갈 수가 없다. 시험이 되면 으레 그 문제집을 사고 포장을 뜯으며 시험이 다가왔음을 실감하는 것이다. 하지만 실제 활용도는 그리 크지 않다. 시험 범위가 꼭 일치하지도 않으며 특히 집중이수제로 타 학년 내용도 시험을 보는 과목, 교과서 앞뒤를 오가며 수업한 과목, 선생님이 주시는 유인물로 교과서를 대체하는 과목은 더욱 그렇다. 학교별 기출문제를 조금 더 실었다는 이유로 학교 이름을 붙여서 놓은 것인데 기대만큼 문제 수가 충분하지도 않고 그나마도 시험 범위가 맞지 않으면 무용지물이다.

올백 문제집이든 무엇이든 시험이라고 특별히 책을 사는 것은 의미가 없다. 평소 풀던 문제집을 시험 때도 반복하는 것이 좋으며, 한 권으로 부족하다면 평소 푸는 문제집을 두 권으로 늘리는 것이 훨씬 낫다.

05. 시험 기간

    드디어 시험이 시작되었다. 시험 기간의 공부 효율은 그 이전 단계의 공부를 어떻게 쌓아왔느냐에 따라 결정된다. 시험 전날 한 짐 싸들고 독서실을 가는 학생들은 분명 평소 공부가 부실한 아이들이다. 책가방은 무겁지만 펼쳐보지도 못하고 그대로 들고 오는 책이 대부분이며 '해야 되는데'와 '언제 하지'를 반복하다 늦은 밤까지 한숨으로 버티는 것이다.

    그동안 귀찮고 지겨웠던 평소 공부는 시험이 가까울수록 빛을 발한다. 평소에는 복습할 교과서를 챙기느라 가방이 무거웠지만, 시험 때가 되면 오히려 가뿐해진다. 또한, 시험 전날 무엇을 봐야 할지 미리 체크해두었으니 부담 없이 확인만 하면 끝이다. 시험 전날에 부랴부랴 특별한 공부법을 찾는 것은 아무런 의미가 없다. 벼락치기로 쫓기듯 공부하는 것은 시험 기간내내

시험 대비 학습 과정

	학습 성격	학습 도구	학습 방법
1단계 (평소 공부)	공부 기반 다지기 지식 쌓기	학교 수업 자료 문제집 1	1. 학습 목표를 확인하여, 교과과정에서 무엇을 알아야 하는지 파악한다. 2. 예습 복습을 지키며 학교수업에 집중한다. 3. 수업 진도만큼 문제를 풀며 내가 공부해야 할 것을 찾는다.
2단계 (시험 2주 전)	공부 방향 결정	최근 기출문제	1. 기출문제를 살피며, 문제유형과 핵심 지식을 파악한다. 2. 평소 공부에서 밀린 복습, 문제풀이를 보완한다. 3. 1단계의 공부를 그대로 유지한다.
3단계 (시험 1주 전)	지식 응용하기	학교 수업 자료 문제집 2	1. 이해가 안 되는 부분을 보충하며, 암기를 시작한다. 2. 1단계에서 풀었던 문제집 복습. 또는 다른 문제집을 한 권 더 푼다. 3. 시험 전날 확인할 내용에 표시하여 공부한다.
4단계 (시험 기간)	지식 다지기 최종 점검	1~3단계에서 공부했던 모든 자료	1. 공부 흔적을 복습하며 지식을 다진다. 2. 실수가 많은 부분, 암기가 요구되는 내용을 다시 본다. 3. 시험 당일 아침 확인할 내용에 표시하며 공부한다.

불안감만 더할 뿐이다.

📖 그동안 해왔던 공부를 반복

　교과서와 유인물, 노트는 그동안 복습이나 문제 풀이를 하면서 많이 봤을 테니 시험 범위가 많다 해도 한 시간 정도면 훑어볼 수가 있다. 그 자료들에는 이미 공부하며 덧붙여진 필기와 수업 중 선생님이 강조하신 내용들이 표시되어 있을 것이므로 훑어보기만 해도 질 높은 반복 학습을 할 수 있다. 풀었던 문제집도 다시 한 번 봐야 한다. 미처 다 못 푼 문제를 푸느라고 시간을 소비하는 것보다 이미 풀었던 문제들 중 틀렸던 것과 헷갈렸던 문제들을 다시 보는 것이 효과적이다. 이때 빠뜨리지 말아야 할 게 시험 1주 전에 공부하며 표시해두었던 '시험 전날 다시 볼 것'들이다. 이렇게 해야 시험 전날 '내가 의도했던 공부를 마무리했다'라는 안정감이 생긴다.

📖 시험 당일 다시 볼 것 체크

시험 1주 전에 시험 전날 볼 것을 미리 정했다면, 시험 전날에는 시험 직전에 무엇을 볼 것인지 정해야 한다. 그래야 시험 날 아침, 시험 직전 쉬는 시간 마지막 순간까지 알차게 공부할 수 있다. 이것이 준비되어있지 않으면 답을 맞춰보거나 이 책 저 책 뒤적이다 시간만 허비하는 등 불안함 속에서 시험을 보게 된다.

그동안 봤던 교과서, 유인물, 노트, 문제집을 다시 훑어보고 시험 날 아침과 쉬는 시간에 확인할 내용을 정리하는 것으로 모든 시험공부는 마무리된다.

📖 낮잠은 금물

며칠에 걸쳐 시험을 보는 것이 익숙지 않은 중1들은 시간 관리의 실수가 많다. 시험 전날 늦게까지 공부를 하고 다음날 시험을 보고 와서는 서너 시간씩 낮잠을 자버리는 것이다. 전날의 피로감과 시험 후 풀린 긴장, 오늘도 늦게까지 공부하면 된다는 자기 합리화가 작용하는 것인데, 악순환이 될 뿐이다. 낮잠이 길어지면 낮 시간은 그냥 보내고 저녁 식사 이후에나 공부를 시작하게 된다. 또다시 취침이 늦어지고 공부 효율은 떨어진다. 낮잠이 필요하다면 책상에서 20분이 넘지 않도록 쏟아지는 잠을 피하는 정도로 하고 누워서 잠을 자지 않도록 하자.

다음날 시험 과목이 두 과목이라면 저녁 식사 전 한 과목, 저녁 식사 후 한 과목 공부를 마치도록 하고, 다음날 시험 과목이 세 과목이라면 저녁 식사 전 두 과목, 저녁 식사 후 한 과목 공부가 적당하다.

시험 날에는 가방이 가벼워야 한다. 내가 한 공부가 최고라는 자신감으로 암기가 필요하거나 끝까지 알쏭달쏭한 내용만 정리해 손에 들고 가도록 하자.

시끄럽게 공부하자

공부 중 졸음을 이길 수 있는 좋은 방법은 입을 사용하는 것이다. 소리 내어 책을 읽고 공부한 내용을 설명해보는 등 시끄럽게 공부를 하면 집중도 잘되고 학습 효과도 크다. 학교에서는 입을 다물고 받아들이기만 했으니 집에서는 시끄럽게 공부하도록 하자. 외운 내용을 중얼거리거나 풀이 과정을 설명하면 말을 하는 동안 생각이 진행되어 학습의 속도가 빠르다.

06. 내가 주는 점수

시험을 좋아하는 사람은 없다. 실력을 객관적으로 평가할 수 있는 기회이기는 하나 그에 따르는 경쟁과 긴장, 부담은 국가적 문제가 될 정도다. 시험공부에 치이다 보면 도대체 무엇을 위한 공부인지 반항심이 일어나기도 한다.

시험에 쫓기고 점수에 내몰리는 청소년들은 자신의 양심보다 엄마의 잔소리에 더 민감하게 반응할 수밖에 없다. 무엇을 기준으로 자신을 키워나가야 할지 판단하는 법을 배우지 못하는 것이다. 중간고사, 기말고사마다 주기적으로 자극되는 그 미성숙함. 부쩍 생각이 큰 것 같던 아이들도 시험 앞에서는 다시 유치해진다.

기말고사를 치르던 윤주도 그랬다. 시험이 시작되기 전 윤주는 성실히 시험 범위를 살펴나갔었다. 시험 때마다 도지던 초

조함이나 짜증도 없었다. 시험 이틀 전 윤주를 만나 지금까지의 공부와 앞으로의 공부를 정리했다.

"평소에 복습을 꼼꼼히 해두었으면 더 좋았을 텐데. 그치?"

"아오…… 네."

"그래도 잘하고 있는 거야. 집에 가자마자 과학 공부 남은 거마저 마치도록 해. 그래야 저녁 먹고 나서 다른 공부하지. 그냥 소파에 덜렁 앉아버리면 엄마가 발로 찰 때까지 텔레비전 보게 될 걸?"

"히히."

윤주는 비교적 순탄하게 시험을 준비했다. 그 애를 다시 만난 것은 시험 기간 중간에 끼어 있는 토요일이었다. 실컷 자다가 이제 막 세수를 하고 나온 기색이 역력했다. 며칠 전의 순탄함은 어디로 가고 기운이 다 빠져있다. 시험 때마다 찾아오는 추락이 이번에도 그냥 지나치지 않는 모양이다.

"저 이번 시험 완전 망했어요."

시험 잘 봤느냐고 묻지도 않았는데 윤주는 먼저 선수를 친다.

"잘했어."

동문서답을 하는 나에게 윤주는 또 묻지도 않은 말을 한다.

"영어 60점대 나올 것 같아요. 우리 반 영어 평균 60점이래요."

"점수는 중요하지 않아."

나는 일부러 점수에 무관심하려 했지만 윤주는 나의 의도를 전혀 읽지 못한 모양이다.

"아, 영어는 아무리 못해도 80점은 넘었었는데, 60점대는 처음이에요. 70점도 아니고."

"괜찮아. 다 지난 일이잖아."

"저는 괜찮은데 엄마는 안 괜찮아요."

"됐어. 이제 공부할 거 해."

"친구들은 제 속도 모르고 '너는 이번에도 80점 넘었지?' 막 이런다니까요. 아니라 그래도 안 믿어요."

고작 하루, 두 과목 시험 본 거 가지고 윤주는 그 성적에 운명이라도 걸린 듯 날뛰었다. 첫 학기를 마무리하는 시험이니 중요하긴 하다. 중간고사 때 아쉬웠던 점수를 만회할 기회이기도 하니 얼마나 신경이 쓰일까? 하지만 진짜 안타까운 점은 윤주를 비롯한 많은 학생들이 '남들이 나를 어떻게 평가하는가'를 두고 날뛴다는 것이다. 시험문제도 남(선생님)이 나를 평가하기 위해 낸 것이고, 점수도 남(학교, 정부)이 나를 평가하기 위해 정한 숫자일 뿐이다. 시험은 교과과정을 거치기 위한 단계일 뿐인데도 그 안에서 일어나는 남들의 일은 얼마나 복잡한지 모른다. 그러나 그 안에 '나'는 없다.

"점수는 그냥 결과야. 남들은 내 결과를 가지고 뭐라 하겠지만 우리가 열을 내야 할 건 시험지 받기 전까지야. 영어 공부는 하려던 만큼 했니?"

"네. 그 유인물 두꺼운 거 다 풀었어요."

"본문도 다 외웠어?"

"네."

"그런데 왜 60점이야?"

"그러니까요. 선생님이 미쳤다니까요. 교과서에 없는 지문이 진짜 많이 나왔어요."

"그럼 네가 공부할 수도 없는 내용인 거네."

"네."

"그럼 네 잘못이 아니네."

"그죠!"

"네가 공부한 거 고려해서 너에게 영어 점수를 준다면 몇 점 정도 주고 싶어?"

"음…… 85점이요."

"15점은 왜 빠지는데?"

"뒤에 문법 나오는 건 꼼꼼히 안 읽은 부분도 있어요."

"그래, 그럼 네 점수는 85점인 거야. 남들이 너를 어떻게 생각하느냐는 중요하지 않아. 잘한 거야. 걱정하지 마. 그 정도 공부했으면 교과과정에 필요한 공부 충분히 한 거고, 수능 보고 대학 가는데 지장 없어. 이번 시험은 평균 깎으려고 일부러 어렵게 낸 거겠지. 평균도 떨어졌잖아. 점수는 원래 출제자 마음대로 나오는 거야. 네가 60점이라고 해서 그동안 열심히 공부한 것까지 60점이 돼버리는 건 아니잖아. 스스로 양심에 따라 85점이라고 생각하면 85점인 거야."

윤주는 그제야 마음이 가라앉았다. 마음 속 양심이란 건 괜히 있는 것이 아니다. 그 시험을 위해 내가 어떻게 노력했고 얼마나 성실했는지는 누구보다 내가 제일 잘 안다. 그런데 문제가 기막히게도 교과서 밖에서 나오거나 비정상적으로 어렵게 나온다면 그것은 내 영역 밖의 일이다. 상황이 어쨌든 나는 나를 격려하고 다스려 다음 시험에 변함없는 컨디션으로 임할 수 있도록 이끌어야 한다.

나에게 주는 점수 기록 예

계	내가 주는 점수	석차/재적수
91.00	90	47(15) / 368
67.50	75	205(4) / 369
88.00	88	203(8) / 369
83.00	80	122(8) / 368
84.00	85	138(9) / 369
89.00	89	125(10) / 369
72.00	85	170(7) / 369

세상은 끊임없이 나를 평가한다. 지금은 점수, 성격, 외모 정도겠지만 앞으로는 출신 학교, 타고 다니는 차, 사는 집의 평수, 통장의 잔액, 회사 이름 등등 별별 것을 가지고 나를 들볶을 것이다. 남들이 나를 어떻게 생각하든 우리는 스스로 행복할 줄

알아야 한다. 서울대 행복연구센터에 따르면 행복도 훈련과 연습이 필요하다고 한다. 행복을 배우고 연습한 사람들이 그렇지 않은 사람들보다 더 많은 행복을 느낀다는 것이다.

지금부터 우리는 남들이 주는 점수 앞에서 당당히 내 행복을 결정하며 살아야하지 않을까? 점수 없는 성적표를 받던 초등학교 시절이 끝나고 점수가 쓰인 성적표의 세계로 들어선 중1들은 특히 점수에 휘둘리지 않도록 마음을 다잡아야 한다.

성적표를 받으면 내가 나에게 주는 점수를 적자. 윤주가 자신의 영어 점수를 85점이라고 했듯 스스로 노력하고 느낀 보람으로 점수를 매기면 된다. 그것이 진짜 점수다. 내 공부의 주인은 나니까.

시험 후 필수 점검 사항

내 공부의 주인이 되기 위해서는 시험 점수보다 스스로 평가한 내용에 더욱 민감해야 한다. 시험이 끝나면 자신의 공부 과정을 점검할 수 있도록 하자. 이전보다 나아진 점은 무엇인지, 고쳐야 할 점은 무엇인지, 다음 시험에 반영할 내용은 무엇인지 등 시험 기간의 공부를 되돌아봐야 한다. 잘 보관해 두었다가 다음 시험을 준비할 때 다시 읽어보면 큰 도움이 된다.

이름 :

시험공부했던 상황을 떠올리며 구체적으로 기록하십시오.

1-1 예상보다 높은 점수를 받은 과목은 무엇입니까? 그 이유는?
과목:
이유:

1-2 예상보다 낮은 점수를 받은 과목은 무엇입니까? 그 이유는?
과목:
이유:

2-1 점수와 무관하게 공부 과정만을 평가한다면 가장 안정감 있게 공부한 과목은 무엇입니까? 어떤 점이 좋았나요?
과목:
좋았던 점:

2-2 점수와 무관하게 공부 과정만을 평가한다면 가장 불안하게 공부했던 과목은 무엇입니까? 어떤 점이 부족했나요?
과목:
부족했던 점:

3 이번 시험 기간 때 나의 공부 모습 중 지난 시험 기간보다 나아졌다고 느낀 점이 있다면? (예: 공부 계획, 암기력, 공부하려는 마음 등)

4 나의 공부 모습 중 '이런 건 고쳐야겠다'고 생각했던 점은 무엇입니까?

5 다음 시험 공부 때에 반영할 점은 무엇입니까? 시간 관리, 과목별 공부 전략, 학습 태도 등 구체적으로 기록하세요.

6장

방학 중
학습 전략

성적 올리는 운동 습관

독서로 키우는 지성

취약 부분 복습으로 1학기 총정리

스스로 하는 선행 학습

개학 준비

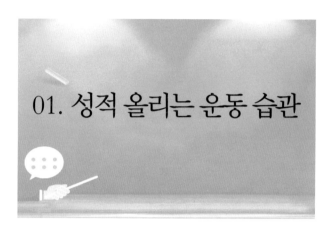

01. 성적 올리는 운동 습관

기말고사 성적표를 받아든 헌재가 터덜터덜 상담실로 들어선다.

"어째 기운이 하나도 없어? 시험도 끝나고 방학만 기다리면 되는데 홀가분하지 않아?"

"그렇긴 한데요. 성적표를 보니까 제 공부에 무슨 문제가 있는 것이 아닐까 싶은 생각이 들어요."

"갑자기 왜? 매일 열심히 했잖아."

"계속 제자리걸음만 하고 있잖아요. 성적이 떨어진 건 아니지만 그래도 아쉬워요. 조금이라도 올려보려고 했거든요. 이대로 방학을 한다고 해도 그냥 똑같은 공부를 하다 끝날 것 같아요. 공부 방법을 좀 바꿔야 하지 않을까요?"

중1이라면 누구나 공부의 좌절을 맛본다. 첫 시험은 경험 삼아 봤다고 해도 그 다음 시험은 조금이라도 나아지기를 바랐는데 매일 똑같은 공부에 비슷하게 유지되는 성적, 그냥 이렇게 공부를 하면 되는 것인지 불안해지는 것이다.

"공부한답시고 너무 책상 앞에만 앉아있었던 모양이구나. 공부 방법을 바꾸는 것보다 운동을 하는 것이 낫겠어."

"운동이요? 갑자기 무슨 운동을 해요? 운동이야 하면 좋겠죠. 하지만 공부를 더 해도 부족할 것 같은데요?"

중1들에게 특별히 운동을 강조하는 이유는 학원 시간을 늘리는 등 공부한답시고 신체 활동을 줄일 우려가 있기 때문이다. 하지만 간과해서는 안 될 것이 하나 있다. 우리 뇌는 몸을 움직였을 때 훨씬 활발하게 작동한다는 사실이다.

"운동과 인지능력의 연관성을 보여주는 연구들은 상당히 많아. 학생들을 하루에 30분씩 일주일에 두세 번 달리게 했더니 12주가 지난 뒤 학생들의 인지능력이 달리기를 하기 전에 비해 눈에 띄게 높아졌다고 해."

"정말요?"

"더 흥미로운 건 이 학생들이 운동을 그만둔 후야. 운동을 해서 인지능력이 향상되었던 학생들이 운동을 그만두면 어떻게 될 것 같니?"

"글쎄요. 인지능력이 다시 안 좋아졌나요? 인지능력은 없어지는 것이 아니니까 똑같을 것 같기도 하고요."

"학생들이 운동을 그만두자 인지능력도 운동을 하기 전 수준으로 돌아갔어."

"정말요? 요요 현상 같은 거네요."

"맞아. 공부를 잘하기 위해 일부러라도 운동을 해야 한다는 얘기야."

한 학자는 명랑한 집단과 우울한 집단에게 자연과학 학습 도서를 읽게 했다. 그리고 조금 후 그대로 옮기는 것과 그 내용과 관련된 문제를 푸는 두 가지 과제를 주었다. 그 결과 그대로 옮기는 것에는 두 집단 모두 차이가 없었으나 문제를 푸는 데는 명랑한 집단의 능력이 월등히 우수한 것으로 나타났다. 명랑한 감정은 학습과 기억 능력을 향상시킨다. 그리고 운동은 분명히 기분에 영향을 끼친다. 그 영향은 너무나 명백해서 정신과 의사들이 치료 과정에 운동을 처방할 정도다.

그뿐만이 아니다. 두뇌 활성화에 대한 연구에서는 운동을 하는 아이들과 청년들이 특정 과제에 필요한 인지적 수단을 더 효율적으로 할당하여 활용하며, 운동을 하지 않는 아이들과 청년들보다 더 끈기 있게 과제에 매달린다는 사실이 밝혀졌다.

"어때? 이쯤 되면 운동은 하면 좋은 걸로 넘어갈 일이 아니야. 머리 쓰는 사람이라면 반드시 해야 할 의무라고. 공부할 시간도 없는데 운동은 무슨 운동이냐 이렇게 넘어가서는 안 돼."

공부를 잘하기 위해 학원에 가듯 운동도 그렇게 해야 한다. 응용학습심리학자인 존 메디나 박사는 시험 점수를 더 잘 받으려고 신체적 운동을 줄이는 것은 굶으면서 살찌려는 것과 마찬가지라고 했다. 운동은 공부하는 데 꼭 필요한 인지능력을 향상시키는데 가장 효과적인 방법이기 때문이다. 뇌는 움직이지 않는데 정보를 넣는다고 저장될 리 있겠는가? 평소 학습 효율이 떨어진다고 생각해왔다면 책상 앞에 붙어 앉아만 있었던 건 아닌지 되돌아보자.

"운동이 뇌와 관련이 있을 줄은 몰랐어요. 운동은 몸으로만 한다고 생각했거든요."

"자동차에 강력한 엔진이 필요하다면 공부하는 사람에게는 강력한 두뇌가 필요하지. 운동은 두뇌를 더욱 민첩하고 강력하게 만들어주는 거야. 문제집 한두 시간 더 푸는 것보다 운동을 하는 것이 훨씬 남는 장사 아니겠어?"

"정말 그렇겠어요. 그런데 운동을 어떻게 하면 좋을까요?"

"인지능력 향상에 도움이 되는 운동량은 일주일에 두세 번, 하루 30분 정도야. 걷기나 뛰기, 자전거 타기, 수영, 줄넘기 같은 유산소운동을 하면 돼. 이번 방학 계획에는 운동을 꼭 넣도록 해. 방학 특강 들으러 다니는 것보다 스포츠센터 등록하는 것이 훨씬 현명한 거라고."

"방학이 끝나면요?"

"그땐 평소 생활 중에 실천할 수 있는 운동을 해야지. 학교에서 내일 체육 수업을 한다면 좋을 텐데 말이야.

"학년이 올라갈수록 체육 수업이 점점 줄어들어요. 3학년 때 할 체육을 1, 2학년 때 몰아서 다 해버린다니까요."

안타까운 일이다. 이에 대해 의사이자 과학자인 앙트로네트 얀시 박사는 매우 도전적인 실험을 했다. 다른 과목에 할당된 시간을 빼서 체육 수업에 투자한 것이다. 훈련받은 교사들이 체육 수업을 실시했을 때 실제로 아이들은 언어와 읽기에서 더 좋은 성적을 냈다. 얀시 박사는 신체가 건강한 아이들은 운동을 하지 않은 아이들보다 훨씬 빠르게 시각 자극을 알아차렸으며 집중력도 더 뛰어났다고 말한다.

"학교 탓만 할 수는 없어. 책상, 식탁, 컴퓨터, TV, 침대⋯⋯ 요즘은 어딜 가든 편하게 앉고 눕는 공간이 많아서 사람을 움직이게 만들지 않잖아. 그래도 어쩌겠니. 상황이 어떻든 방법을 찾아내야지. 걷기는 누구나 실천할 수 있는 효과적인 운동이야."

"걷기요? 걷기라면 자신 있어요!"

걷기는 다리를 튼튼하게 만드는 것은 물론 뇌의 발달도 촉진한다. 인간의 신체 중 가장 큰 근육은 허벅지 근육인데 이 근육의 신경은 뇌간과 연결되어 있다. 그래서 걸으면 근육에서 나온 신호가 뇌로 전달되고, 이 신호가 뇌를 자극해 뇌세포의 활동을 더욱 활발하게 만든다. 또한 걷는 동안 심장은 평상시보다 10배 더 혈액을 흘려보내기 때문에 뇌에 산소와 영양소를 충분히 공급하게 된다.

등굣길 걷기

일부러 걷는 것도 좋지만 등하교길 걷기를 하면 시간과 건강, 학습력을 모두 챙길 수 있어 일석삼조다. 특히 등굣길 걷기는 하루 공부를 시작하기 전 두뇌를 충분히 활성화시킬 수 있는 방법이다.

- 걷는 시간이 20~30분 정도면 적당하다. 걸어가면 지름길로 갈 수 있으므로 버스를 타는 것과 시간이 비슷한 경우도 많다.
- 가능하면 공원, 오솔길 등 풀과 나무가 있는 길로 걷자.
- 이른 아침은 조용하다. 이어폰 음악보다는 햇살, 내 발자국 소리, 매일 달라지는 길가의 풀들, 빗소리를 느끼자.
- 걷는 동안은 두뇌가 활성화되어 생각이 열린다. 고민거리나 암기할 것들을 메모해서 걷는 동안 살펴보자.
- 늦잠을 자거나 몸이 아픈 날 등 걷지 못하는 날도 있다. 그래도 주 2~3회 이상은 꼭 걷도록 하자.

공부 중에도 지루하다 싶으면 자리에서 일어나 몸을 움직이자. 제자리 뛰기나 앉았다 일어서기, 팔굽혀펴기 등 책상 옆에서 할 수 있는 간단한 운동으로도 뇌를 활성화시킬 수 있다. 명심하자. 생각이 움직이려면 뇌가 움직여야 하고 뇌가 움직이려면 몸이 움직여야 한다.

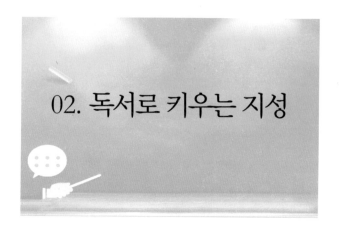

02. 독서로 키우는 지성

사춘기의 청소년들은 독립된 인격체로 커가려는 본능 때문에 부모를 거부한다. 부모님의 간섭과 잔소리가 그토록 싫은 이유는 부모를 떠날 준비를 하기 위해서일 것이다. 부모님의 가르침을 거부하려면 스스로를 이끌만한 인성과 지성이 필요하다. 아무런 노력도 없이 그저 반항만 한다면 꼴사납고 욕먹기 딱 좋은 사람이 되고 말 것이다.

청소년들의 내면을 키우는 일에 책만한 도우미가 또 있을까? 책은 친구이기도 하고 스승이기도 하다. 책 속에서 평소 내 생각과 비슷한 문장을 만나면 친구를 만난 듯 편안하고, 절로 밑줄이 그어지는 감동을 만나면 스승을 만난 듯 감탄스럽기도 하다. 생각이 커지고 마음이 커지는 일, 독서는 내면의 경쟁력을 키우는 가장 적확한 방법이다. 방학이 시작되면 책장으로 손을 뻗어보자.

📖 책 읽기 전과 후의 나는 다르다

오지 여행가이자 월드비전 구호팀장으로 활동하며 세계 구석 구석을 누볐던 한비야 씨도 독서광이다. 고등학교 때부터 지금까지 1년에 100권 읽기를 실천해오고 있으며, 오지 여행 시절에는 체력 소모를 줄이기 위해 가방 가볍게 싸기를 생명처럼 지키면서도 읽을 책 두 권은 절대 빠뜨리지 않았다. 그녀는 독서에 대해 이렇게 말한다.

"어떤 책이든 첫 장을 열었을 때와 마지막 장을 덮었을 때의 나는 완전 다른 사람이에요. 책을 읽기 전에 몰랐던 지식이 생겼고 감동도 느꼈잖아요. 얼마나 신기해요. 읽은 만큼 내가 크는데 어떻게 안 읽어요."

멋진 통찰이다. 누군가와 긴 시간 진지한 이야기를 나누게 되면 그 사람의 생각, 웃음, 태도를 배우기 마련이다. 사람을 만나기 전후의 내가 다르듯 책을 읽기 전후의 나도 다르다. 게다가 사람과 달리 책은 어디서 얼마나 자주 만날지를 내 마음대로 정할 수 있으니 얼마나 편리한가?

📖 책을 통해 인간관계의 한계를 넘는다

학교생활로 분주한 청소년들에게 방학만큼 책 읽기 좋은 때는 없다. 방학을 맞아 이런저런 캠프와 체험 활동으로 교과 학습의 답답함을 해소한다고는 하지만 독서에 비하면 어림도 없다. 책을 통하면 무한의 가능성이 열린다. 그중 가장 큰 매력은 인간관계의 한계를 넘을 수 있다는 점이 아닐까?

르네 데카르트는 "좋은 책을 읽는 것은 과거 몇 세기의 가장 훌륭한 사람들과 이야기를 나누는 것과 같다"고 했다. 책 속에서 우리는 유명인사는 물론 세계적인 학자, 이미 죽은 사람들과도 사유를 나눌 수 있다. 아무리 인맥이 넓고 성격이 좋다 한들 평생 몇 명이나 만나볼 수 있을까? 만날 수 있다 해도 그 깊은 내공을 대화로 다 풀어낼 수는 없을 것이다. 책만 손에 있다면 고고학자와 전철을 탈 수도 있고, 쉬는 시간에 짬을 내어 백만장자를 만날 수도 있다. 그 대단한 사람들이 시간에 맞추어 전철을 타고, 오랜 시간을 기다려 쉬는 시간에 나를 만나러 온다고 생각해보자! 저자 중에는 내가 꿈꾸는 장래 희망을 먼저 이루어 성공적인 삶을 사는 이도 있고 언젠가 꼭 가보고 싶은 나라에 먼저 다녀온 이들도 있다. 얼마나 멋진 만남인가? 특히 이 점은 인간관계에 어려움을 느끼는 내향적인 청소년들에게 무궁무진한 기회가 된다.

📖 수천 년, 수백 년을 오가는 교감을 경험하자

《로마인 이야기》의 저자 시오노 나나미는 고대부터 이어지는 방대한 로마의 역사를 스스로 공부했다. 로마사를 연구한 모든 자료를 읽고 직접 답사를 다니며 역사 속의 로마인들을 생생히 묘사해낸 것이다.

그녀가 고대 로마의 전쟁에 대한 자료 조사를 위해 가장 자주 살피는 것은 동시대 역사가인 타키투스의 기록이라 한다. 타키투스는, 2,000년 전의 사람이다. 오래전의 기록이라 완전한 해석이 어려울 때도 많은데 그때는 그 기록을 읽은 다른 사람들의 생각을 읽는다고 한다. 그 '다른 사람' 중에는 나폴레옹도 포함되어 있다. 200여 년 전 나폴레옹은 알프스를 넘는 전쟁을 하며 이미 고대에 알프스를 넘어 전쟁한 선례를 살폈던 것이다.

나폴레옹과 시오노 나나미가 똑같이 타키투스의 역사서를 읽었다는 것이 신기하지 않은가? 거기에 그치지 않고 시오노 나나미는 나폴레옹의 '독서 감상문'을 읽으며 그의 생각에 동의하거나 반론을 내기도 했다. 시공간을 넘는 놀라운 교감이다. 고대 역사를 탐구한다는 전제 아래서는 로마의 역사가도 프랑스의 황제도 일본의 작가도 동등한 토론자일 뿐이다. 살아있는 독서란 이런 것이다. 현실 세계에서 만날 수 있는 선생님이나 친구들에 비할 수준이 아니다.

📖 독서는 가늠할 수 없는 인재를 키운다

독서의 힘에 대한 예는 수도 없이 많다. 특히 학교라는 제도 교육이 감당하지 못하는 인재들은 독서를 통해 자신의 탁월함을 키웠다. 다들 알고 있듯 에디슨은 무학력자다. 초등학교 입학 후 3개월 만에 도저히 가르칠 수 없는 학생이라는 이유로 학교에서 쫓겨났고 그 후에는 어머니의 지도 아래 동네 도서관에서 살다시피 했다. 도서관의 책을 모조리 읽었을 정도니까 말이다. 수행평가를 위해 몇 권의 책만 들춰봐도 그 주제의 지식을 다 아는 듯한데, 도서관의 그 많은 책을 다 읽었다면 천재가 될 수밖에 없을 것이다. 그 머리에서 뭐라도 발명되지 않는다면 오히려 더 이상한 일이지 않을까?

빌 게이츠는 "오늘날의 나를 만든 것은 동네 도서관이다. 멀티미디어 시스템이 정보 전달 과정에서 영상과 음향을 사용하지만, 문자 텍스트는 여전히 세부적인 내용을 전달하는 최선의 방식이다. 나는 평일에는 최소한 매일 밤 한 시간, 주말에는 서너 시간의 독서 시간을 가지려 노력한다. 이런 독서가 나의 안목을 넓혀준다"라고 했다. 그의 어린 시절 독서 중에는 독특한 경력이 하나 있는데, 백과사전을 모두 읽은 경험이다. 그 두껍고도 방대한 백과사전을 말이다.

백과사전 읽기는 5년이나 걸렸다. 초등학생 때 백과사전을 읽었으니 이해되지 않은 내용도 많았을 것이다. 그러나 빌 게이츠는 그 때의 독서가 성인이 된 후에도 영향을 주었다고 한다. 세상의 모든 지식이 머릿속 한 켠에 깔려있으니 다양한 아이디어의 융합이 이루어질 수밖에 없다. 그의 능력은 무모하리만큼 폭넓은 독서에서 나왔을 것이 분명하다.

📖 책은 어떻게 고를까

학생들에게 책을 읽으라고 강조를 하면 "좋은 책 좀 추천해주세요"라고 한다. 솔직히 별로 내키지 않는 질문이다. 필요한 정보만 날름 얻어다 '선생님이 좋다니까 읽어보자' 하는 식이 될 게 뻔하니까. 독서의 의미와 재미는 정보를 얻는 과정에서 나온다. 도서관이나 서점에 들러 책을 구경하고 넘겨보는 것 또한 책이 주는 이로움이다. 독서와 함께 책이 주는 여유도 함께 누리자.

- 어떤 책이 좋은지는 사람마다 다르게 느낀다. 방학 중 휴식 삼아 읽기에 가장 좋은 책은 그냥 끌리는 책, 손에 잡히는 책이다. 그냥 편한 친구, 그냥 좋은 선생님과 마찬가지다. 친구와 스승이 될 책을 고르면서 그 책이 좋은 이유에 대한 논리적인 근거를 찾는 것은 피곤한 일 아닐까?

- 공저는 피한다. 아무리 저명인사의 집합체라 할지라도 그 책에서는 한결같이 흐르는 사고의 맥락을 기대하기 어렵기 때문이다.

- 베스트셀러보다 스테디셀러를 눈여겨보자. 수십 년, 심지어는 수백 년 동안 꾸준히 읽혀온 책이라면 분명 무언가 가치를 지닌 책이다.

- 책을 읽다 보면 저자가 다른 책의 내용이나 작가, 도서명을 언급하는 경우도 있는데 그 또한 훌륭한 독서 힌트가 된다. 앞에서 시오노 나나미의 《로마인 이야기》를 언급했으니 한 번 읽어보자. 15권이나 되지만 시간과 비용이 전혀 아깝지 않은 책이다.

- 책을 읽으며 '이 책을 쓴 사람은 참 멋있는 생각을 하는 사람이다'라는 느낌이 든다면 그 사람의 다른 생각들도 읽고 싶어지게 마련이다. 저자 소개나 인터넷 검색을 통해 저자의 다른 책들도 읽어보자.

📖 독서 목록을 만들자

책을 다 읽고 나면 독서 목록을 만들어 보자. 책을 읽을 때마다 제목과 저자, 날짜, 짤막한 소감 등 간략한 기록을 남기는 것이다. 제목 앞에 누적 번호를 적으면 몇 권을 읽었는지 한 눈에 파악할 수 있다.

기록을 하다 보면 자신의 독서량을 가늠할 수 있으며 매년 100권 읽기를 도전하는 한비야 씨처럼 독서 목표도 정할 수 있게 된다. 책 한 권을 읽을 때마다 무언가 적는 소소한 즐거움도 제법 크다. 그간 읽었던 책의 목록을 보며 뿌듯함도 느끼고, 한 번 더 읽고 싶은 책들을 다시 읽으며 색다른 감동을 느낄 수도 있다.

독후감을 작성하는 수행평가가 있다면 억지로 새 책을 읽는 것보다 읽었던 책을 다시 한 번 보는 것도 좋을 것이다. 무엇이든 적으면 남고, 그냥 두면 날아간다. 오늘부터 나만의 독서 목록을 만들어보자.

누적 번호	제목					
	저자			출판사		
	읽은 날짜	년 월 일 ~		년 월 일		
잊을 수 없는 한 문장						
누적 번호	제목					
	저자			출판사		
	읽은 날짜	년 월 일 ~		년 월 일		
잊을 수 없는 한 문장						
누적 번호	제목					
	저자			출판사		
	읽은 날짜	년 월 일 ~		년 월 일		
잊을 수 없는 한 문장						
누적 번호	제목					
	저자			출판사		
	읽은 날짜	년 월 일 ~		년 월 일		
잊을 수 없는 한 문장						

독서 목록 양식 예: 독서 목록을 보면 그 사람의 내면을 가늠할 수 있다. 컴퓨터로 양식을 만들어 출력하여 사용하면 편리하다.

독서 기록장

책 제목	출판사

저자/글:	역자/그림:
다 읽은 날　　　년　월　일	기록한 날　　　년　월　일
등장인물 소개	줄거리 요약
재미있었던 점	주인공/저자에게 하고 싶은 말
마음에 안 들었던 점	알게 된 점
마음에 남는 구절	

독서 기록 양식 예 : 독서 기록을 할 때는 책을 읽은 후의 생각과 느낌을 다양하게 드러내는 것이 좋다. 등장인물 소개, 저자나 주인공에게 하고 싶은 말, 새롭게 알게 된 점, 마음에 들지 않는 부분 등 책의 특성에 따라 적절한 소제목을 붙여 문단을 나누면 억지로 분량을 채우느라 애를 쓰지 않아도 충실한 내용으로 작성할 수 있다.

어떤 형태든 독서는 이롭다. 내 속에 좋은 것을 넣어두면 자연히 그 향이 나지 않을까? 내공을 쌓고 싶다면, 인품과 지성이 가득한 내면을 가꾸고 싶다면 손에서 책을 놓지 말자. 소리 없이 나를 이끄는 최상의 방법은 독서다.

Q&A 무슨 책부터 읽기 시작해야 하나요?

Q. 이 책을 읽어 본 적이 별로 없습니다. 특별히 책을 싫어하는 건 아닌데 어릴 때부터 책을 별로 안 읽었어요. 우리 집에는 흔한 위인 전집 같은 것도 없고요. 역사는 지루할 것 같고 만화는 유치할 것 같고…… 무슨 책부터 읽기 시작해야 할지 모르겠어요.

A. 독서를 즐기기 위해 가장 먼저 해야 할 일은 책에 대한 부담을 버리는 것입니다. 이왕 읽을 거 교과 공부에 도움이 되는 책을 읽어야 한다거나 청소년 필독서 목록에 있는 책

을 읽을 필요는 없습니다. 놀러가듯 서점에 들러보세요. 요즈음은 책 표지들도 너무 멋지고 이색적이라 절로 손이 가는 책들이 있을 거예요. 판타지 소설도 좋고, 예쁜 그림이 가득한 동화책도 좋습니다.

좋은 책을 읽는 것은 좋은 영화를 보거나 좋은 사람을 만나는 것과 같습니다. 친구들과 영화를 보러 갈 때 어떤가요? 외출복으로 갈아입고 맛있는 것을 사먹는 재미를 함께 즐기잖아요. 책을 만나러 도서관이나 서점에 가는 것도 마찬가지입니다. 친구들과 함께 맛있는 것도 사 먹으며 책들을 만나보세요. 친구들은 무슨 책을 재미있게 읽었는지 물어보면 금방 답을 얻을 수도 있습니다.

책 속의 문장들을 읽는 동안 우리의 언어력과 사고력은 단단해집니다. 그 능력은 공부를 할 때 쓰이기 마련이고요. 지금까지의 독서 이력이 어땠는지는 상관없습니다. 책을 많이 읽지 않았다 하여 열등감을 가질 필요는 더더욱 없고요. 마음이 끌리는 책부터 무엇이든 읽어보세요.

03. 취약 부분 복습으로
1학기 총정리

방학 공부에서 가장 중요한 것은 지난 학기 교과과정 중 대충 넘어갔거나 자신 없는 상태로 남아 있는 부분을 보완하는 일이다. 학원에서 하는 총정리 특강은 의미가 없으며 얼마나 어떻게 모르는지 스스로 점검해야 한다. 특히 중1은 구멍 없는 공부 만들기의 시작이 되는 학년이므로 첫 여름방학부터 실천하는 것이 좋다.

📖 선행 학습보다 열등감 회복이 먼저

중학교에 올라와 첫 학기를 보내고 난 학생들은 심란하다. 적응하는 기간이니 1학기는 욕심 없이 보내자고 해놓고는 두 번의 시험 성적이 머릿속에서 떠나질 않는 것이다. '어떻게 하면 2학기 성적을 올릴 수 있을까'라는 생각에 자꾸 선행 학습으로만 마음이 쏠린다.

하지만 선행보다 급한 것은 1학기 공부의 구멍을 막는 일이다. 1학기에 배운 내용 중 대충 넘어갔거나 자신 없는 상태로 남아있는 부분이 있다면 다시 공부해야 한다. 취약 부분은 머릿속에만 남아 있는 것이 아니라 마음속에도 남는다. 그래서 다음 학기, 다음 학년, 고등학교 수업에서 연관되는 내용이 나오면 또다시 자신이 없어지는 것이다. 그러다가 나중에는 "난 원래 수학을 못 해" 하며 그 과목을 통째로 멀리하게 된다. 취약 과목은 이렇게 취약 부분으로부터 '만들어'진다.

개념 한두 개, 단원 하나 정도로 취약 부분이 작은 단위일 때 보충해야 한다. 공부에 자신이 없는 학생들은 조금만 몰라도 '하나도 모른다'고 인식하여 불안감을 키우기 때문이다. 중1은 중고등 6년 공부의 시작이므로 첫 학기부터 구멍 없는 공부를 만들어야 한다.

📖 교과서 넘겨보며 취약 부분 살피기

과목별로 취약 부분이 다르기도 하겠지만 몸이 아프거나 슬럼프에 빠지는 등 전체적으로 공부를 제대로 못한 기간이 생기기도 한다. 이런 경우에는 그 기간에 배웠던 내용을 모두 다시 공부해야 한다. 이것은 지식의 회복을 위해서기도 하고 성실히 공부를 하지 않았던 것에 대한 철저한 반성이기도 하다.

지난 학기 공부 중 다시 공부해야 할 부분을 찾기 위해서는 첫 장부터 배운 곳까지 교과서를 넘겨보는 것이 가장 좋다. 단원명, 밑줄, 필기 흔적을 살펴보면 그 내용을 수업할 때의 장면도 떠오르고 시험 공부하던 기억도 떠오른다. 이렇게 공부 내용과 관련되어 무언가 떠오르는 것이 있다면 공부를 했다는 증거다. 교과서를 넘기며 내가 공부했던 과정을 되새기는 것만으로도 훌륭한 총정리가 된다. 그러다 이해가 안 되었던 부분, 별표가 그려진 문제를 만나면 주의 깊게 살펴봐야 한다. 공부가 더 필요하겠다고 판단되면 교과서 앞 목차에 표시를 해두자.

여기까지만 해도 훨씬 마음이 가볍다. 제대로 한 게 하나도 없었던 것 같은 불안감에서 이 부분만 보충하면 되겠다는 탈출구를 찾았으니 공부로 이어지는 과정은 조금 더 수월하다.

📖 교과서 읽고 문제집 풀며 스스로 공부

취약 부분은 스스로 해결해야 한다. 총정리 특강 같은 걸로 대신할 수 없다는 얘기다. 여러 명의 학생이 똑같은 부분을 취약하다고 느끼는 건 불가능하기 때문이다. 그럴 수 있다 해도 그 내용을 모르는 이유와 정도가 제각각 다르기 마련이다. 나에게 필요한 공부는 나만 할 수 있는 법이다.

보통은 교과서, 유인물, 노트를 통해 학교 수업 내용을 다시 공부하고 문제집에서 해당 내용의 문제들을 다시 풀어보면 된다. 공부할 부분을 정해놓고 하는 공부이므로 시간이 그리 오래 걸리지 않는다. 혼자 공부하기에 어려움이 있다면 그 부분만 인터넷 강의를 들어도 좋다.

모든 과목, 모든 내용을 다시 보기는 어렵고 그렇다고 그냥 덮어놓고 지나가기는 찝찝한 것이 지난 학기 복습이다. 이렇게 취약 부분을 스스로 해결하는 공부가 지난 학기 총정리를 위한 가장 좋은 방법이다.

📖 기말고사 후 방학식 전 시간을 활용하자

취약 부분 복습은 방학 동안 꼭 해야 할 공부이기는 하지만 방학 내내 할 만큼 분량이 많은 공부는 아니다. 실제로 이 공부를 하기에 가장 좋은 시기는 '기말고사 후 방학식 전'이다. 2주 정도 되는 이 기간은 그저 방학을 기다리며 놀듯 지나가는 기간이기 때문에 학교 수업도 여러 가지 행사로 대체되는 경우가 많다. 자연히 복습 분량도 거의 없다. 취약 부분 복습은 바로 하교 후 매일 복습을 하던 시간에 하면 좋다. 평소 공부의 리듬을 이어갈 수 있을 뿐 아니라 방학 중 따로 공부할 시간을 내지 않아도 되니 일석이조다.

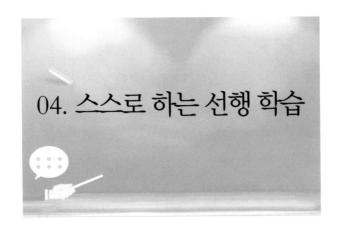

04. 스스로 하는 선행 학습

중1들은 선행 학습을 안 하면 큰일이 나는 줄 안다. 선행 학습은 당연히 해야 하는 것이며 처음 배우는 걸 혼자 하는 것은 어려우니 무조건 학원에 가야 한다고 생각한다. 하지만 선행 학습은 해도 그만 안 해도 그만이다. 선행 학습에 따라 성적이 달라지는 것도 아닌데 선행 학습에 절절매는 이유는 아마도 '나만 안 하면 뒤떨어지지 않을까?'라는 불안함과 '그래도 한 번 했다'는 안도감 때문일 것이다.

이유야 어쨌든 선행 학습을 꼭 하고 싶다면 스스로 해보면 어떨까? 우리들의 머릿속에는 이미 그럴 만한 사고력이 있다. "처음 하는 걸 어떻게 혼자 해요?"라고 했던 아이들도 그 불안감을 스스로 깨고 나면 자신감과 학습력이 부쩍 큰다. 선행 학습은 무조건 학원에서 한다는 수동성에서 벗어나보자.

📖 1학년 여름방학이 적기

입학 전에는 중학교 공부가 어떻게 돌아가는지 감이 잡히지 않으니 스스로 선행 학습을 하기는 어려울 것이다. 겨울방학 동안 '예비 중1'이라고 쓰인 문제집을 주요 과목만이라도 풀어본다면 훌륭하다. 하지만 학교 수업과 직접적인 연관성을 가지고 하는 공부가 아니어서 완전하지는 않다. 스스로 하는 선행 학습은 1학년 여름방학부터 하는 것이 좋다. 중학교의 수업과 시험이 어떤 것인지 알았으니 선행 학습을 할 때도 나에게 필요한 공부를 할 수 있다.

📖 문제집, 참고서는 개학 후에도 볼 것을 고른다

선행 학습을 하려면 책이 필요하다. '선행 학습용' 교재는 의미가 없으며 개학 후 매일 복습이나 시험공부를 위해 볼 책을 미리 산다고 생각해야 한다. 기본적으로 교과서와 같은 출판사에서 나온 평가 문제집을 구입하되 영어, 한문, 제2외국어는 자습서도 고려해야 한다. 지난 학기의 경험을 바탕으로 선생님의 수업 스타일에 따라 더 필요한 책도 있고, 사지 않아도 될 책들도 있을 테니 필요한 책 목록을 작성해보자.

📖 국어, 사회, 과학

교과서 읽기 : 모든 공부의 출발은 교과서다. 배우지도 않은 교과서를 처음 보는 것이니 구경하듯 부담 없이 읽으면 된다. 이해가 잘 되지 않는 부분은 연필로 가볍게 표시를 해두고 그냥 넘어간다. 처음부터 교과서를 꼼꼼하게 읽지 않는 이유는 그렇게 하면 시간이 지체되고 지루해져 공부의 흥미를 잃기 때문이다. 또한 아무것도 알지 못하는 상태에서는 중요하지 않은 부분에서도 지나치게 에너지를 낭비하게 되므로 처음에는 훑어보듯 읽는다. 이후에 문제를 풀면서 교과서를 다시 보게 되므로 걱정하지 않아도 된다.

문제 풀이 : 그다음 문제를 푸는데 교과서 한 번 대충 읽었다고 문제를 다 풀 수 있는 것도 아니다. 문제를 풀 때는 교과서를 찾아보면서 푼다. 이 과정에서 자연스럽게 문제에 담긴 중요 내용을 꼼꼼히 살피게 된다. 즉 문제는 교과서를 자세히 보기 위한 수단이 되는 것이다. 문제집의 요약정리는 보지 않는다. 수업 시간에 보게 될 것은 교과서이지 요약정리가 아니기 때문이다. 그리고 답을 맞춰보자. 교과서를 찾으며 풀었는데도 분명 틀린 게 나온다. 그러면 다시 교과서를 찾는다. 문제에 교묘하게 파인 함정에 빠졌거나 교과서의 내용을 정확히 읽지 않아서 틀린 것들이 대부분이다. 이 과정에서 교과서 보기를 다시 반복

하며 헷갈렸던 부분을 더욱 자세히 보게 된다. 답안지는 채점할 때 외에는 가능한 보지 않도록 하며 왜 틀렸는지 도무지 알 수 없는 경우에만 참고하자.

연필로 필기 : 학생들 중에는 공부한 티를 내고 싶지 않다며 선행 학습을 하면서도 필기를 전혀 하지 않는 아이들이 있다. 친구들이 "너 공부했냐?" 한다는 것이다. 하지만 선행 학습을 했다면 흔적을 남겨야 한다. 그것이 학교 수업 때 훌륭한 연결 고리 역할을 하기 때문이다. 교과서를 읽고 문제를 풀면서 자연스럽게 밑줄과 물음표, 간단한 메모가 이루어져야 한다. 수업을 들으며 수정하는 경우가 생길 수 있으니 모두 연필로 한다.

교과서 다시 읽기 : 이제 다시 교과서를 읽는다. 이번에는 어떻게 읽으라고 시키지 않아도 스스로 중요한 내용을 파악하고 문제에 나왔던 내용을 떠올리며 처음 읽었을 때와의 차이점을 느낀다. 선행 학습은 학교 수업을 대신하는 것이 아니다. 학교 수업을 더 잘 이해하기 위해 하는 것으로 학습 내용에 대한 자신감과 바탕 지식이 만들어질 정도면 충분하다. 선행 학습을 하며 완전히 이해되지 않은 부분이 있다면 교과서에 '수업 시간에 집중하기'라고 써놓으면 된다.

📖 영어

영어는 문제 풀이보다 교과서를 읽는 공부가 필요하다. 교과서를 읽을 때는 단원명부터 마지막 연습문제까지 한 글자도 빠뜨리지 않고 다 읽어야 한다. 그 단원에서 중요한 문장은 앞부분 회화나 뒷부분 주요 표현 정리에서도 반복되기 때문이다. 따라서 교과서의 모든 문장을 꼼꼼히 읽다 보면 자연스럽게 반복 학습을 하게 된다.

해석이 안 되는 문장을 혼자 읽으며 '이게 맞나?' 하는 답답함은 해본 사람만 안다. 영어를 혼자 공부할 때는 반드시 자습서를 준비하자. 다만 자습서는 모르는 부분만 참고해야 하며 어디까지나 주 교재는 교과서다.

모르는 단어는 바로 밑에 뜻을 적어두는 것보다 아래 여백에 따로 적는 것이 좋다. '이게 무슨 뜻이었지?'라고 생각하는 과정이 기억을 강화시키기 때문이다.

📖 수학

수학을 혼자 못한다고 생각하는 이유는 어려운 문제에 기가 죽어서이다. 하지만 스스로 하는 선행 학습에서는 개념 이해와 기본 문제 풀이 정도만 해도 훌륭하다. 두 가지 모두 보통의 이해력을 가진 중학생이면 누구나 할 수 있다.

수학만큼은 교과서보다 문제집이 공부하기에 편리하다. 문제가 다양하고 많기 때문인데, 그렇더라도 교과서의 개념 설명과 기본 문제를 먼저 공부한 후 문제집으로 넘어가자. 문제집의 개념 설명은 교과서의 설명으로 충분하지 않을 때만 보면 된다. 개념 이해가 완전하지 않더라도 문제를 풀다 보면 자연스럽게 알게 되는 경우가 많으니 개념 이해가 안 되었다고 해서 문제 풀이를 미룰 필요는 없다. 문제를 먼저 풀고 개념 설명을 다시 읽어보아도 좋다. 선행 학습 때는 개념 이해와 기본문제 풀이로 간단히 하고 응용문제, 연습문제 등은 개학 후 복습을 할 때 풀도록 하자.

📖 하루에 소단원 하나 정도면 충분

선행 학습을 무조건 학원에서만 했던 터라 한 번에 얼마나 공부해야 할지 감을 잡을 수 없다는 학생들이 많다. 하루에 소단원 하나 정도면 적당하다. 책을 넘겨보면 '몇 장 안 되는데?' 싶겠지만 교과서 찾으며 공부를 해보면 그것도 제법 오래 걸린다.

공부라는 것은 공장 돌리듯 금방 이루어지지 않는 법이다. 공부하는 시간만 따지면 하루에 열 단원이라도 할 수 있을 것 같지만(소단원 하나면 한 시간이 넘지 않는다) 쉬는 시간, 식사, 녹서 등 기본적인 방학 생활을 감안하면 매일 빠지지 않고 하나씩 하는 것도 녹녹지 않다.

욕심을 부려 오전에 한 단원, 오후에 한 단원 정도는 할 수 있지 않을까? 직접 해보면 매일 그렇게 하기는 어렵다는 걸 금방 알게 된다. 우선 하루에 한 단원이라고 정하고 컨디션이 좋은 날, 여름방학의 경우 비가 와서 시원한 날, 한 단원 분량이 적어 공부가 빨리 끝난 날 등 가능한 날만 예외적으로 두 단원에 도전해보자.

선행 학습으로 다 푼 문제집 활용법

선행 학습을 하느라 이미 헌책이 되었는데 개학 후 다시 볼 때는 김이 빠지지 않을까? 사실 한 번 봤다고 그 내용을 모두 아는 것은 아니다. 공부라는 것이 반복해서 볼 때마다 배울 게 생기기 마련이지만 기분상 보던 책을 또 보기는 싫은 게 사람의 마음이기도 하다. 여기서는 취향에 따라 의견이 갈린다. 이전에 공부하던 생각이 나서 더 공부하기에 좋다는 아이들도 있고 그래도 새 책으로 공부하고 싶다는 아이들도 있다. 전자라면 그냥 보던 책을 보면 되고, 후자라면 똑같은 문제집을 한 권 더 사면 된다. 이미 공부했던 책이라 양쪽 모두 복습 때 문제 푸는 속도도 빠를 것이니 다른 출판사의 문제집을 한 권 더 사서 푸는 것도 좋다.

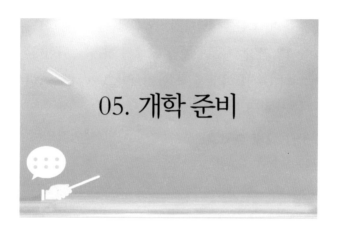

05. 개학 준비

마무리가 흐지부지되면 시작도 온전할 수 없는 법이다. 방학 내내 놀던 학생은 개학 후에도 겨우 등교 시간을 맞춘다. 개학 첫날부터 야무진 공부를 시작하려면 일주일 전부터는 탄력을 붙여놓아야 한다. 일찍 일어나 아침밥 먹는 것부터 지키며 생활을 다듬자. 방학 공부 중 완료 가능성이 높은 것부터 하나씩 마무리한다면 학습 모드가 자연스럽게 개학으로 연결될 것이다.

📖 사교육 지속 여부를 점검하자

학교를 안 가는 동안 학생들의 생활과 공부를 지배했던 것은 사교육이다. 학원 수업 시간으로 하루 일정이 맞춰지고 자율학습은 숙제로 채워졌다. 개학을 하면 다시 학교로 기준이 옮겨진다. 모든 일정을 학교생활에 집중할 수 있도록 조절해야 한다.

가장 중요한 점검 대상은 사교육이다. 교과 선행 학습을 위해 방학 동안 학원을 다녔다면 개학 후에는 학교 수업 진도에 따라 스스로 공부하는 것이 현명하다. 교과 공부와 무관한 사교육이라면 주말로 시간을 옮기고, 다음 방학 전까지 쉬는 것도 좋다. 학교에서 돌아와 스스로 공부할 시간이 충분해야 복습도 하게 되고 내 공부를 조직하는 습관도 생기기 때문이다. 매시간 배운 만큼 복습하며 문제를 풀어보면 다음 시간 수업 시작 부분을 자연스럽게 인식하게 되므로 수업 집중도 수월하다.

📖 흐트러진 생활 습관을 바로잡자

매일이 휴일 같은 방학 중에는 '아무 때나', '시간 나면'이라는 생각이 편하다. 참고서 사기나 친구 만나기, 틀린 문제 고치기 등 모든 일을 그냥 기분 내킬 때 하면 그만이기 때문이다. 그러한 생활에 익숙해지면 '해야 되는데'라고 부담을 느끼면서도 불편한 게으름을 은근히 즐긴다.

하지만 개학 후 하루가 빠듯해지면 내가 원하는 만큼 여유 시간을 쓸 수 없어 답답해질 것이다. 준비 없이 개학을 맞이한 학생들은 요일별로 챙길 것, 제출할 것, 기억할 것 많은 학교생활을 멍하니 보내기도 한다. 친구에게 빌리고 적당히 혼나며 때우는 것이다. 아무리 사소한 일이라 해도 '학원 가는 길에 서점 들러야지', '점심 먹고 20분 동안 해야지'와 같이 구체적인 행동을 생각하자. 이 작은 습관으로도 생활 관리가 가능하다.

또 하나 바로잡아야 할 것은 취침과 기상 시간이다. 방학 동안 늦게 자고 늦게 일어나는 생활이 몸에 배었을 것이다. 일찍 일어나기 위해서는 일찍 자야 하는 법이다. 일찍 일어나야 하는 학교생활에 적응이 필요하기도 하지만 더욱 근본적으로는 취침 시간이 뇌의 성장 시간과 관계가 있기 때문이다. 뇌의 활동이 활발한 시간은 밤 10시에서 오전 6시다. 방학 동안 새벽 한두 시에 자는 것이 일상화되었다면 그만큼 뇌의 성장을 방해했다는 얘기다. 뇌의 활동이 활발한 시간은 밤 10시에서 오전 6시다. 뇌는 자는 동안 성장하므로 이 시간 동안에는 잠들어 있는 것이 가장 좋다. 방학 동안 새벽 늦게 자는 것이 일상화되었다면 개학 전에 바로 잡자.

📖 목표로 했던 방학 공부 개학 후까지 이어가자

방학 동안 하기로 했던 공부를 완전히 끝낸 학생은 많지 않을 것이다. 시작부터 삐거덕하여 안 하다시피 한 경우라면 아쉬울 것도 없지만 한다고 했는데 기대에 못 미치는 경우는 속이 상한다.

목표로 했던 공부가 있다면 방학이 끝나간다고 시레 포기해서는 안 된다. 개학이 다가오면 오히려 마감 효과를 노려야 한다. 며칠이라도 매일 공부를 지키면 공부 분량을 채울 수 있을 뿐 아니라 공부 리듬을 회복하게 되어 좋다. 개학을 하더라도 첫 주는 이런저런 공지와 청소, 자리 배치 등으로 수업 내용은 그리 많지 않을 것이므로 복습의 부담도 적다. 그 사이에 있는 주말 이틀까지 더하면 방학 공부를 보충할 수 있는 시간은 적지 않다. 그 후에도 남은 공부가 있다면 분량을 줄여 매일 조금씩이라도 이어나가도록 하자.

늦더라도 포기하지 않는 것이 중요하다. 힘겹게 이루어낸 공부일수록 성취감도 큰 법이다. 목표로 한 공부를 끝내며 성취감을 맛보는 경험은 더욱 학습 동기를 자극한다. 보다 만 책들이 쌓이지 않도록 하자.

Q&A 반도 못 끝낸 선행 학습 어떻게 하나요?

Q. 방학동안 수학 공부를 혼자 했습니다. 모르는 건 해답지 보면서 풀고 해서 어려운 건 없었는데 학원처럼 진도를 빨리 나가지는 못했습니다. 방학이 다 끝나가는데 반도 못 끝냈어요. 어느 정도 할 만하면 바짝 몰아서라도 끝낼 텐데 너무 많이 남아서 어떻게 해야 할지 모르겠습니다.

A. 혼자 선행 학습을 했다니 공부 분량과 상관없이 훌륭한 공부를 한 겁니다. 하면 할수록 요령이 생길 테니 다음 방학 때도 꼭 스스로 공부를 해보세요.
어떤 과목이든 방학 동안 한 학기 분량의 선행 학습을 한다는 것은 쉬운 일이 아닙니다. 특히 여름방학은 짧고 더위에 학습 효율이 떨어지기도 하며 휴가 등 공부를 못하는 날도 많아 더욱 그래요.

수학은 원래 반도 못 끝내는 것이 정상입니다. 좌절하지 마세요. 다 하지 못한 부분은 개학 후에 이어가면 됩니다. 학교에서 돌아오면 저녁 먹기 전에 숙제와 복습을 마치고 저녁 식사 후에 수학 공부를 하세요. 하루에 한두 시간 정도 하면 충분합니다. 남들은 학원 갈 시간이죠. 같은 시간에 혼자 공부하는 것이니 돈도 안 들고 내 공부 할 수 있어 훨씬 좋습니다. 선행 학습 진도가 다 나가면 그 시간에 다른 공부를 하고 싶어질 거예요. 영어 독해나 수학 심화 등 추가 공부 시간으로 활용하세요.

7장

오늘부터 따라하는 1등 습관

아침밥은 하루 공부의 힘

규칙적으로 공부하는 시간을 갖자

사전 찾는 공부

전체를 보는 공부

내 방에 숨은 10점을 찾아라

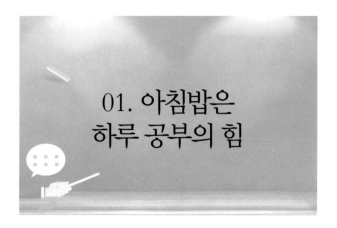

01. 아침밥은
하루 공부의 힘

밤 10시부터 오전 6시까지 야간 근무를 하는 사람이 있다. 맡은 일은 도서관에서 낮 동안 어질러진 책걸상과 반납된 책들을 정리하는 것이다. 아침 일찍부터 밤늦게까지 공부하는 사람들이 많기 때문에 정리 작업은 새벽에 이루어질 수밖에 없다.

도서관을 이용하는 사람들은 밤 근무자들의 수고를 잘 모르지만 이 사람이 없다면 도서관은 엉망이 될 것이다. 아무데나 널려 있는 책들 때문에 공부할 자리가 부족하고, 찾고 싶은 책이 있어도 제 자리에 없으니 여기저기서 아우성이 터질 테니까 말이다. 특히 대기자가 많은 책들은 반납 예정일에 하루만 착오가 있어도 큰일이 난다. 모두 꼼꼼하고 완벽히 처리해야 하는 일이다. 그뿐 아니다. 책 청소와 걸레질, 책걸상 나르기 등 밤새도록 해야 하는 일은 얼마나 버거운지 아침이 되면 말 그대로

186

완전히 실신 상태가 되고 만다.

모든 일을 마치고 한숨 돌릴 즈음 어디선가 따뜻한 음식 냄새가 난다. 수고한 야간 근무자를 위해 아침밥이 준비된 것이다. 신선한 샐러드와 삶은 계란, 구운 베이컨, 감자 수프, 사과 주스…… 아침을 먹으니 온 몸이 재충전되는 것 같다. 야간 근무자는 매일 밤 행복한 아침 식사를 할 수 있다는 생각에 힘을 내어 일을 한다.

그런데 이상한 일이 생겼다. 도서관에서 주는 아침밥이 점점 부실해지더니 나중에는 그마저도 주지 않는 것이다. 야간 근무자는 속이 상했다. 일할 힘이 나지도 않았다. 먹은 게 없으니 체력도 떨어지고 힘이 없으니 걸레질도 적당히, 책 정리도 눈에 보이는 것만 대충 하고 말았다. 일을 마치고 돌아가는 길은 또 얼마나 우울한지.

야간 근무자가 지치자 도서관을 이용하는 사람들도 불편을 겪었다. 책상에는 전날 누군가 흘린 콜라가 끈적거리며 그대로 있고, 책이 제자리에 없으니 검색 시스템도 무용지물이다. 사람들은 하나둘 도서관을 떠났다. 그 도서관에서 더는 공부를 할 수 없다는 판단에서였다. 사람이 없어 텅 빈 도서관, 책은 많지만 제 역할을 하지 못하는 도서관이 되어 버렸다.

위의 이야기는 실화를 재구성한 것이다. 바로 오늘도 일어났던 일이다. 놀랍게도 여러분은 모두 그 야간 근무자를 알고 있다. 누굴까? 바로 여러분의 '뇌'다.

📖 아침밥은 뇌가 먹는다

야간 근무자인 뇌가 밤에 따로 하는 일이 있다. 바로 낮 동안 공부하고 생각하고 말하고 느꼈던 것들을 조합하고 정리하는 일이다. 비슷한 정보끼리 묶기도 하고 자주 쓰지 않는 지식은 저 구석에 밀어놓기도 한다. 시험 전날 밤 벼락치기가 큰 효과를 내지 못하는 이유는 지식의 그물이 촘촘히 짜일 시간이 부족했기 때문이다. 여러 날을 공부하며 반복하고 재구성했던 지식보다 당연히 응용력이 떨어질 수밖에 없다. 어디 공부한 것뿐일까? 온 몸의 대사와 성장을 관할하는 뇌는 조금도 쉴 틈이 없다. 아침이 되면 뇌는 그야말로 완전히 실신 상태인 것이다.

밤새도록 수고한 뇌에게 맛있는 아침밥을 주어야 하지 않을까? 아침밥을 먹지 못한 뇌는 제대로 기능을 하지 못한다.

📖 아침밥과 학습력

실제로 아침밥을 먹지 않은 학생들의 집중력은 현저히 떨어진다. 아침밥의 힘을 보여주는 실험은 다양하다. 같은 학교 같은 학년 학생들을 무작위로 섞어 두 반을 만들고 한 반은 아침을 주지만 한 반은 아침을 먹지 못하게 했다. 아침을 먹지 못한 반의 풍경은 어땠을까? 1교시는 어떻게든 버티지만 2교시부터는 턱을 괴거나 엎드리는 학생들이 많아졌고 선생님의 질문에도 시큰둥했다. 3교시부터는 아예 엎드려 자는 학생들도 많아졌다. 하지만 아침을 먹은 반은 2교시가 지나 3교시가 되어도 자세가 흐트러지지 않았다. 선생님의 질문에도 생기 있게 반응을 하며 친구가 틀린 답을 말하면 다른 친구들이 '저요! 저요!'를 외치는 통에 교실에는 웃음이 가득했다. 아침밥을 먹지 않은 반은 단어 외우기, 수학 연산 등 모든 테스트에서 낮은 점수를 냈다.

📖 아침밥은 성공 습관

뇌에게 영양을 공급하고 오전 시간의 학습 효과를 좌우하는 것만 해도 매일 아침을 먹어야 할 이유가 충분하다. 하지만 아침밥의 위력은 그날 하루에 끝나지 않는다. 수년 동안 다져진 아침밥의 내공은 놀라울 정도다.

아침밥을 잘 먹는 초등 5학년 그룹과 잘 먹지 않는 초등 5학년 그룹이 있다. 이 아이들이 초등학교를 졸업하고 중학교에 입학해 졸업할 즈음 어떤 차이가 났을까? 예상했던 대로 성적의 차이가 났다. 아침밥을 잘 먹은 친구들은 성적이 올랐지만 잘 먹지 않은 친구들은 성적이 떨어진 것이다.

그뿐 아니다. 허리 사이즈에서도 차이가 있었다. 아침을 잘 먹은 그룹은 허리 사이즈가 표준이지만 아침을 잘 먹지 않은 그룹은 허리 사이즈가 비만이었다고 한다. 아침밥이 뇌의 기능뿐 아니라 군것질이나 간식 등 식습관 전반에도 영향을 미치고 결국 성장기에 형성되는 몸매에도 영향을 준 것이다.

고등학교에서는 아침밥의 내공이 어떻게 나타날까? EBS에서 전국 수능 상위 0.1퍼센트에 해당하는 학생들의 생활을 조사한 적이 있다. 0.1퍼센트라면 어느 정도인지 감이 안 잡힐 텐데, 30명씩 10개 반 전교 300명 규모의 학교를 기준으로 가늠해 본다면 전교 3등이 상위 1퍼센트가 되고(300×1/100), 인근 학교 10개를 모아 총 3,000명 중 3등을 해야 0.1퍼센트에 해당하는 것이다(3,000×1/1,000).

'재는 인간이야?'라고 할 만큼 공부를 잘하는 친구들이다. 나와는 유전자가 다를 것 같은 이 괴물들이 평범한 학생들과 가장 큰 차이를 보인 것은 '규칙적인 아침 식사' 항목이었다. 괴물처럼 공부하는 아이들이니 텔레비전도 안 보고 잠도 조금 잘 것 같지만 TV 시청이나 공부 시간, 취침 시간 등은 2~3퍼센트 정도의 차이를 보이며 평범한 학생들과 비슷했다. 하지만 아침 식사는 40퍼센트 이상 높은 차이를 보였다. 어릴 때부터 규칙적으로 먹은 아침밥은 결국 뇌의 성장과 사고력의 발달에 영향을 주어왔던 것이다.

고3이 되어 새삼 아침밥을 먹는다고 해도 수년간의 내공을 따라잡을 수는 없는 노릇이다. 성장기에 아침밥을 거른다는 것은 평생 쓸 뇌의 질을 떨어뜨리는 치명타다.

📖 아침밥과 수능 성적

　이런 생활이 누적되어간다면 결국 수능 성적에도 영향을 미치지 않을까? 이를 입증하는 연구 결과가 있다. 대학생 3,600명을 대상으로 조사한 결과 매일 아침 식사를 규칙적으로 했던 학생들의 수능 평균 점수는 294점, 주 2회 이하로 아침 식사를 했던 학생들의 수능 평균 점수는 275점이었다. 아침 식사를 제대로 한 학생들의 수능 점수가 20점 가까이 높은 것이다. 이쯤 되면 아침 식사가 집중력과 학습 태도, 생활 태도는 물론 성적과도 직결된다고 봐야 한다.

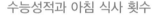

수능성적과 아침 식사 횟수

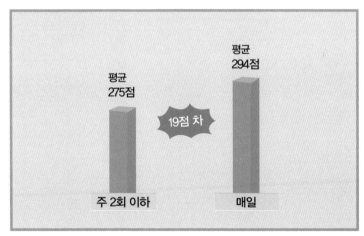

나의 아침 식사 습관은 어떠한가? 그 한 끼가 엄청난 힘을 발휘한다. 중1은 학습량이 늘어날 뿐 아니라 뼈와 근육, 두뇌의 성장이 급격히 이루어지는 때이니 올바른 식습관과 생활 습관이 필요하다. 지금까지 엄마가 챙겨주는 밥을 겨우 먹는 정도였다면 이제부터는 내가 먼저 챙기자.

뇌가 좋아하는 아침밥은?

뇌는 당을 많이 소비한다(그래서 어린이들이 단 것을 좋아한다). 탄수화물은 질 좋은 당으로 전환되고 아미노산(단백질)은 연료 공급원이 되기 때문에 꼭 필요하다. 기술·가정 시간에 배운 탄수화물과 단백질 함유 음식을 생각해 보자.

아침 식사로 밥과 계란 프라이, 된장국이면 훌륭하다. 밥 대신 빵과 계란 프라이, 우유도 좋다.

02. 규칙적으로 공부하는 시간을 갖자

중1 가윤이는 공부 습관이 좋은 편이다. 학교를 마치면 바로 도서관으로 가서 숙제와 공부를 해온 탓이다. 처음에는 더운 집보다 에어컨 잘 나오는 도서관이 나을 것 같아서 들렀다. 남들다 공부하는데 뭐라도 해야 할 것 같아 학교 숙제를 꺼내 시작했고 그날 이후 계속 도서관에 갔다.

"숙제를 그렇게 열심히 해보기는 처음이었어요. 다른 책이 없어서 숙제를 한 거였는데 집중도 잘 되고 숙제를 다 마치고 집에 가니까 맘 편히 쉴 수 있어서 좋더라고요."

하굣길에 도서관에 가는 것은 가윤이의 즐거움이 되었다. 숙제가 없는 날은 복습을 하거나 도서관의 책을 읽는다. 학교에서 돌아오면 냉장고를 열거나 리모컨을 만지작거리며 흐지부지 시간을 보내는 것이 보통인데 가윤이는 그렇게 흘러가는 시간을 야무지게 챙기는 것이다. 무엇보다 방과 후 한두 시간을 공부 시간으로 지킨다는 점이 훌륭하다. 1학년 때는 공부의 틀을 갖추는 것이 중요하기 때문이다.

도서관에서 돌아오면 저녁을 먹고 그 다음에는 별다른 공부를 하지 않는다. 텔레비전을 보거나 공원 산책을 한 뒤 열 시~열한 시쯤 잠자리에 든다.

"학원은 안 가니?"

"초등학교 때까지는 다녔었는데요, 중학교 올라와서는 끊었어요. 선생님도 너무 무섭고 숙제가 많아서 학원 가기 싫다고 했어요."

학원 끊고 혼자 어떻게 공부할 거냐는 엄마의 걱정이 없었던 것은 아니지만 가윤이는 대책도 없이 그냥 학원을 끊었다. 그리곤 빈둥거리며 놀다가 그저 더워서 도서관에 한 번 가봤던 것이다.

중학교 공부를 시작하며 반듯한 공부 습관을 갖고 싶다면 규칙적으로 공부하는 시간을 갖자. 가윤이는 매일 도서관에 가지만 저마다 생활이 다를 테니 나에게 맞는 공부 시간을 정하면 된다. 학원 때문에 매일 시간을 낼 수 없다면 '월·수·금 저녁 식사 후'와 같이 학원 수업이 없는 요일을 정하면 된다.

만약에 일찍 일어나기에 부담이 없는 학생이라면 아침 공부를 해도 좋다. 정 어렵다면 주말이라도 시간을 내보자. 여기서 가장 중요한것은 규칙적으로 내 공부 시간을 갖는다는 것이다.

규칙적인 공부는 계획 세우기에 좋으며 다음 공부 시간을 기대하게 한다. 반복적으로 공부를 하다 보면 공부의 질은 자연스럽게 발전하게 마련이니 어떤 공부를 할지 지나치게 고민할 필요는 없다. 가윤이도 처음에는 멀뚱멀뚱 앉았다가 숙제만 하고 돌아왔는데 점점 복습과 독서로 확장되었다. 꼬박꼬박 공부 시간을 지키는 것에 초점을 두자.

공부 시간과 함께 공부 장소를 구분하는 것도 좋다. 가윤이가 매일 공부에 성공할 수 있었던 이유도 도서관이라는 장소 구분이 가능했기 때문이다. 공부 장소가 달라지면 가방을 챙기고 몸을 움직여야 한다. 즉 공부를 위한 행동이 필요하다는 말이다. 자연스럽게 공부를 준비하게 되므로 의식적인 시간 활용이 가능해진다. 가윤이처럼 집 근처에 공공 도서관이 있다면 부지런히 들락거리자. 학교 자습실이나 교회 공부방 등 자유롭게 공부할 수 있는 곳이면 어디라도 좋다. 집에서 공부하더라도 내 방대신 아빠 서재나 거실 식탁을 이용하면 환기가 된다.

규칙적인 공부 카드

공부 시간과 장소를 적은 카드를 책상 앞이나 다이어리 등 자주 보는 곳에 붙여두자. 핸드폰 바탕 화면에 메모해두어도 좋다.

나는 (   )요일 (   )시 (   )분부터
(   )시간/분 동안 (   )에서 공부합니다.

03. 사전 찾는 공부

　건우와 연우 형제는 쌍둥이다. 초등학교 때부터 함께 공부하고 학교를 다닌 이 형제는 고3을 졸업하고 같은 해에 나란히 소위 말하는 명문대에 합격했다. 쌍둥이 형제에게 명문대에 합격한 비결을 묻자. 형제는 이렇게 대답했다.

　"초등학교 때 어머니께서 사전 찾는 법을 알려 주셨어요. 모르는 것이 있으면 엄마한테 묻지 말고 사전을 먼저 찾아보라고 하셨거든요. 형제가 같은 내용을 계속 물어보니까 해결책을 생각해내신 것 같아요. 그때부터 쭉 사전을 옆에 두고 공부를 했어요. 사전을 찾으면 단어의 뜻을 설명하는 내용을 읽어야 하고 그러면서 더 많은 배경지식을 쌓게 돼요. 중학교 이후에는 엉단어를 함께 봤는데 훨씬 이해가 잘됐어요. 물론 영단어 실력도 좋아지고요."

사전을 찾으며 정확하고 폭넓은 공부를 했다는 말이다. 그 토대 위에 교과 공부를 얹으니 어떤 과목이든 효율이 좋았을 것이다. 그렇게 한 공부는 다시 다른 공부의 토대가 되어 학년이 올라갈수록 힘을 발휘하게 된다. 따라서 사전 찾는 공부는 빨리 시작할수록 좋다.

공부를 하다 보면 여기저기서 모르는 단어를 자주 만나지만 특히 교과서에 나오는 모든 단어는 성실히 공부해야 한다. 단어의 뜻을 모르면 정확한 내용 이해가 어렵기 때문이기도 하고, 모든 교과서는 그 학년 학생들 수준에 맞는 어휘를 사용해 내용을 구성하므로 과목을 불문하고 교과서에 나온 단어 정도는 충분히 알고 있어야 한다.

한 학생은 이 부분을 읽으며 '역설'이 뭐냐고 질문했었다.

환경 운동가로 널리 알려진 제러미 리프킨은 "쇠고기를 넘어서"라는 책에서 개인의 건강을 위해서든, 지구 생태계의 보존을 위해서든, 굶주리는 사람을 위해서든, 동물 학대를 막기 위해서든 산업 사회에서 고기 중심의 식생활 습관은 하루빨리 극복해야 한다고 역설하고 있다.

그가 인용한 자료에 따르면, 소와 돼지, 닭 등 가축들이 지구 상에서 생산되는 곡물의 3분의 1을 먹는다고 한다. 미국에서 생산되는 곡물의 70% 이상이 가축의 먹이로 사용된다. 초식 동물인 소가 풀이 아닌 곡식을 먹게 된 것은 우리 시대에 일어난 일인데, 이런 사실은 농업의 역사에서 일찍이 없었던 새로운 현상이다. 오늘날 미국에서는 1파운드의 쇠고기를 생산하는 데 16파운드의 곡식이 든다고 한다. 고기 중심의 식사 습관이 이처럼 한정된 식량 자원을 낭비하고 있다.

예측하기 과제 ②
제러미 리프킨이 쓴 책에서 말하고 있는 내용을 통해 글쓴이가 앞으로 펼칠 주장의 근거를 예측해 보자.

많은 양의 곡물이 가축의 먹이로 사용된다는 것은 육식을 위해 먹을 것이 없어 굶어 죽는 사람들을 외면하는 결과를 가져오겠군.

법정 (1932~2010)
승려. 수필가. 대표 저서로 수필집 '무소유', '오두막 편지' 등이 있다.

많이 들어보긴 했는데 정확히 무슨 뜻인지는 모르겠다는 것이다. 이런 경우가 참 많다. 전체 글의 의미를 파악하는 데 지장은 없지만 교과서에서 따로 설명하지 않는 어려운 용어 말이다. 주요 용어가 아니라도 정확한 단어 뜻을 찾아보자. 사전에서 '역설'을 찾으면 두 가지의 뜻이 나온다.

1. 역설(力說) : emphasis ; stress. 강조하다
2. 역설(逆說) : paradox. 모순되게 말하다

'역설'이라는 단어를 어디서 많이 들어본 것 같다고 느낀 것은 두 가지 의미로 쓰이는 경우를 분별없이 받아들였기 때문일 것이다. 사전을 찾아보면 역설에 두 가지 뜻이 있다는 것을 알게 되고 한자와 영어 단어를 보면 그 의미를 쉽게 구분할 수 있다. 이렇게 배경지식이 쌓이고 정확한 어휘 실력이 만들어진다. 사전을 찾지 않고 그냥 넘어갔다면 얻을 수 없는 수확이다.

매 순간 귀찮음을 무릅쓰고 하나하나 내가 모르는 것을 채워 나가는 것이 가장 확실한 공부다. 사전 찾기는 견고한 기초 공부를 쌓아야 할 중1들에게 꼭 필요한 습관이다.

- 어떤 과목이든 공부를 하다 모르는 단어가 나오면 사전을 찾는다. 수학 문제 중에서도 모르는 단어가 나올 수 있다. 답을 맞히는 데 지장이 없더라도 뭐든 배우는 1학년임을 상기하자.
- 교과서에서 용어 설명을 해놓기도 하지만 충분하지 않다. 또한 용어 설명이 되지 않은 단어라 해서 중요하지 않은 것이라 여겨서도 안 된다.
- 한 번 찾았던 단어라 해도 까먹는 것이 당연하다. 모른다면 몇 번이고 반복해서 찾는다. 자주 마주치는 단어는 그만큼 중요한 단어이며 자주 찾으면 자연스럽게 암기된다.
- 맞춤법이나 띄어쓰기가 헷갈리는 경우도 사전을 찾는다. 보고서나 서술형 답안을 작성할 때 남다른 내공을 발휘할 수 있다.
- 스마트폰에 사전 기능이 있다는 건 정말 감사한 일이다. 국어사전은 물론 한영사전, 영한사전도 적극 활용하자.

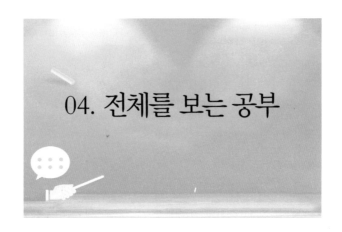

04. 전체를 보는 공부

시험공부를 하던 유선이가 사회책을 펼쳐 보이며 묻는다.

"선생님, 이런 것도 다 외워야 돼요?"

세계의 쌀 생산량 그래프를 두고 하는 말이다. 나라별로 숫자를 다 외워야 하느냐는 것이다.

"우리 사회 선생님이 좀 괴짜거든요."

"에이, 아무리 그래도 그렇게 치사한 문제가 나오겠니?"

"그렇겠죠? 그럼 쌀을 많이 생산한 나라 순서를 묻지는 않을까요? 1, 2등 하는 중국하고 인도만 외울래요. 다른 나라들 나오면 그냥 찍죠 뭐."

공부를 하다 보면 뭐가 중요한 건지 무척이나 헷갈릴 때가 있다. 그냥 넘어가면 꼭 그 부분에서 문제가 나올 것 같은 불안함이 들기도 한다.

이럴 때 봐야 할 게 목차와 단원명, 학습 목표, 단원 정리 부분이다. 지나치게 세부적인 내용에 집착하다 보면 전체를 놓칠 수 있기 때문이다. 꼼꼼하게 열심히 공부하는 친구들이 자주 빠지는 함정이기도 하다.

벼농사가 발달한 동남아시아 벼는 기온이 높고 강수량이 많은 지역에서 주로 재배된다. 동남아시아는 고온 다습한 기후가 나타나 일 년에 두세 번씩 벼농사가 이루어지기 때문에 세계적인 쌀 생산 지역으로 유명하다. 벼농사는 많은 노동력을 필요로 하지만, 단위 면적당 생산량이 많아 인구 부양력이 높다. 이러한 농업 특성으로 인해 동남아시아에는 많은 인구가 밀집해 있다.

동남아시아의 국가들은 대부분 공업이나 서비스업보다 농업, 임업, 수산업과 같은 1차 산업 중심의 산업 구조가 나타나므로 농촌에 거주하는 사람들이 많은 편이다. 따라서 이 지역에는 농업용수를 구하기 쉬워 벼농사에 유리한, 하천 하류의 평야 지대에 인구가 밀집해 있다.

↑ 계단식 논(필리핀 바나웨)

방글라데시 7.3
인도네시아 9.9
베트남 6.0
미얀마 4.8
타이 4.7
(단위 : %)
중국 29.3
인도 17.9
기타 20.1
총생산량 : 6억 7,202만 톤
(8개국 식량 농업 기구, 2010)
↑ 세계의 쌀 생산량(2010)

"지금 공부하고 있는 단원이 뭐니?"

"음 '인구가 밀집한 지역'이요."

"작은 단원은?"

"'동남아시아는 왜 인구가 밀집해 있을까'예요."

"인구가 밀집한 지역이랑 벼농사가 발달한 동남아시아는 무슨 상관일까?"

"동남아시아에 벼농사가 발달해서 인구가 밀집했다는 거 아닐까요?"

"맞아. 학습 목표는 뭐야?"

"학습 목표는 '동남아시아에 인구가 밀집한 요인을 자연환경과 경제 활동의 측면에서 설명할 수 있다'예요."

"교과서를 뒤로 넘겨봐. 무슨 내용이 나와?"

"'서부 유럽에는 왜 인구가 밀집해 있을까'요."

"학습 목표는?"

"'서부 유럽에 인구가 밀집한 요인을 자연환경과 경제 활동의 측면에서 설명할 수 있다' 어? 똑같네요?"

"이제 감이 잡히니?"

대단원	중단원	소단원	학습 목표	소제목
인간 거주에 유리한 지역	인구가 밀집한 지역	동남아시아는 왜 인구가 밀집해 있을까	동남아시아에 인구가 밀집한 요인을 자연환경과 경제 활동의 측면에서 설명할 수 있다	동남아시아의 자연환경
				벼농사가 발달한 동남아시아
		서부 유럽에는 왜 인구가 밀집되어 있을까	서부 유럽에 인구가 밀집한 요인을 자연환경과 경제 활동의 측면에서 설명할 수 있다	서부 유럽의 자연환경과 농업
				일찍 산업화된 서부 유럽

암기 과목이라고 해서 무조건 외워야 하는 건 아니다. 위와 같이 단원의 구조를 정리해보면 단원 전체 중 내가 지금 어느 부분을 공부하고 있는지 한눈에 알 수 있다.

"이제 단원 맨 뒤를 볼까? 요약정리나 확인 문제 같은 게 있을 거야."

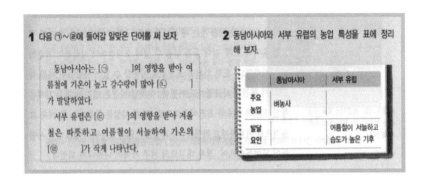

"네. 문제가 있어요. 이런 것도 풀어야 해요? 지금까지 한 번도 안 풀었었는데."

"문제를 푸느냐 마느냐는 중요하지 않아. 어차피 기본적인 확인문제니까. 중요한 건 이 문제들을 풀기 위해 어떤 지식이 필요하냐는 거야. 문제를 잘 봐. 두 문제 모두 동남아시아와 서부 유럽의 특징을 비교하도록 되어 있지?"

"어? 그러네요."

"자. 이제 어떻게 공부해야 할지 답이 나왔다. 동남아시아와 서부 유럽의 자연환경과 경제 활동의 특징을 알아야 하는 거야. 어느 나라에서 쌀을 많이 생산하느냐는 참고 자료일 뿐 나라별 생산량까지 외울 필요는 없다는 거지."

어떤 내용을 얼마나 구체적으로 공부해야 할 지 고민이 될 때는 이렇게 전체를 보며 공부의 구조를 살피자. '안 나오겠지? 귀찮으니까 안 외울래', '선생님이 미쳐서 이런 문제 낼 지도 몰라'처럼 감으로 판단해서는 안 된다.

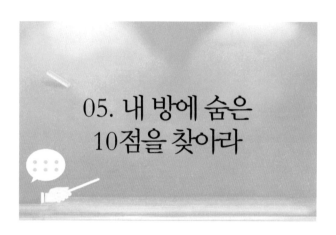

05. 내 방에 숨은
10점을 찾아라

기말고사를 앞두고 독서실에 가겠다며 책가방을 뚱뚱하게 싸 들고 나타난 헌재.

"조용한 집에 있는 멀쩡한 네 방 놔두고 왜 독서실을 가?"

"어쩜 우리 엄마랑 똑같은 말씀을 하세요? 집에서는 공부가 안 된다는 거 아시잖아요."

"집에서는 왜 공부가 잘 안될까?"

"너무 편해서 그렇죠 뭐. 텔레비전에 컴퓨터에 조금 졸려서 누우면 다음날 아침까지 자게 되고요. 그리고 제 방은 공부할 만한 방이 아니에요. 초등학교 때도 거실에서 밥상 놓고 숙제했 거든요"

"음, 그럼 곤란한데? 학생에게 공부방은 베이스캠프 같은 곳 이거든. 편안하고 머물고 싶고 언제라도 빨리 돌아가고 싶은 곳

이어야 해. 특히 내 책상은 아무 때든 앉으면 당장 집중을 시작할 수 있을 만큼 공부와 익숙해야 한다고.”

“저랑은 전혀 상관없는 얘긴데요? 공부야 아무 데서나 하면 되는 거 아니에요?”

“그렇지 않아. 지금 현재 공부방만 잘 정돈해도 10점은 너끈히 건질 것 같은데?”

“10점이요?”

우리는 생물이기 때문에 환경의 영향을 매우 많이 받는다. 온도, 습도, 밝기 등 무의식 중에 노출되는 환경은 물론 책상의 정리 상태, 책장의 위치 등 단순한 물리적인 요소들도 학습에 영향을 준다. 내가 늘 머무는 곳, 잠자고 공부하는 내 방의 상태는 어떤가? 언제라도 책상 앞에 앉으면 마음이 차분해지고 집중이 잘 되는가? 공부방만 잘 관리해도 10점쯤은 문제 없이 올라간다. 내 방은 어떤 상태인가? 다음을 체크해보자.

1. 책상을 보면 앉고 싶은 마음이 드나요?
2. 책을 오랜 시간 보아도 침침하지 않은가요?
3. 잠을 자고 나면 목이 아프거나 입술이 마르나요?
4. 아침에 일어나서 보면 책상 위가 말끔한가요?
5. 공기가 서늘한가요? 아니면 더운가요?
6. 컴퓨터가 책상 위의 대부분을 차지하나요?

"우선 1번부터 막히네요. 책상을 보면 전혀 앉고 싶은 마음이 안 들어요. 교복이든 가방이든 학교 갔다 오면 책상 위에 던져 놓거든요. 책상에서 뭘 할 때는 좀 어둡다는 생각을 자주 했었어요. 컴퓨터도 책상 위에 있고요. 그러고 보니 컴퓨터 할 때 아니면 책상에 앉질 않았던 것 같아요. 책은 그냥 책가방에서 꺼내서 그냥 책상에 쌓아 놓는 편이에요. 책꽂이에는 잘 안 보는 책들만 있어요. 목표를 적은 쪽지는 3월에 붙였었는데 아마 지금은 없어졌을 걸요? 하아, 체크 목록을 보니까 갑자기 우울해지네요."

"이러니까 집에서는 공부가 안되지. 우울해하지 마. 너만 그런 건 아니니까. 지금부터 달라지면 되지 않겠어? 이제 내 방 구석구석에 숨어 있는 10점을 찾아보자."

공부 잘되는 책상 제1원칙은 깔끔함이다. 책상 위는 당장 이사라도 갈 것처럼 아무것도 없이 말끔해야 한다. 깨끗한 책상은 당장 뭐라도 펼쳐 공부를 하고 싶은 마음을 불러일으키기 때문이다.

"책상 위는 그 사람의 머릿속 상태를 보여준다고 생각하면 돼. 항상 무슨 공부를 해야 하는지 잘 정리가 되어 있는 사람은 그 과목의 책만 준비되어 있으면 되니까 너저분할 이유가 없지. 현재 책상에서 제일 먼저 정리해야 할 건 컴퓨터 같은데?"

"컴퓨터를요? 제일 자주 쓰는 건데요?"

"그렇긴 하지만 공부할 때는 방해가 되잖아. 키보드며 모니터 같은 게 책상을 다 차지하고 있으니 책을 펼 공간도 부족하고."

"그렇긴 해요. 그럼 컴퓨터를 어디로 옮기죠?"

"거실이나 아빠 서재에 갖다 놔. 공간이 구분되면 시간도 구분되는 법이거든. 컴퓨터가 공부방에서 떨어져 있어야 네가 컴퓨터를 하는 시간도 공부하는 시간과 구분될 수 있어."

"휴, 엄마가 제일 좋아하시겠네요. 항상 그렇게 하라고 노래를 부르셨거든요."

"엄마들의 잔소리에는 다 이유가 있는 거야. 제일 먼저 컴퓨터를 옮기도록 해. 그래야 그 다음 단계가 가능할 테니까."

다음은 조명이다. 책상이 주변보다 밝아야 집중도 잘되고 눈도 편안하다. 책상은 방의 모서리나 벽에 붙여 배치되므로 천장 가운데 달려 있는 형광등의 불빛이 책상 위까지 충분하게 전달되지 못하는 경우가 많다. 작은 방이라 하더라도 공부하는 학생의 몸이나 책상 옆의 책장, 옷장 등의 가구 때문에 그림자가 생겨 어둡다. 책 위의 작은 글씨들을 편안하게 보기 위해서는 스 탠드를 따로 두는 것이 좋다.

"공부할 때 어두우면 스탠드를 쓰지 그러니?"

"책상이 좁기도 하고 저는 집에서 공부 잘 안 하니까 동생 줬 어요. 이제 컴퓨터 치우면 다시 갖다놓아야죠."

"그 핑계로 스탠드 사달라고 할 거지?"

"엇, 들켰네요."

"동생도 필요할 테니까 새 건 동생한테 양보해. 그게 형 노릇 이지."

"네, 하하."

책상이 깨끗하고 밝아지기만 해도 기분이 새롭고 공부가 잘 된다. 그 다음 점검해야 할 것은 책장이다. 교과서, 참고서 등 자주 보는 책들은 앉은 자리에서 손을 뻗으면 닿는 곳에 두어야 하며 소설이나 만화 등 쉴 때 보는 책들은 공부 중 시야에 들어 오지 않는 곳에 두는 것이 좋다. 특히 액자나 연필꽂이 등 잡동 사니들이 책들을 가로막고 있으면 책을 꺼낼 때마다 번거로우 므로 공부 중 거슬리는 것이 없도록 정리하자.

"책장은 빽빽한 것보다 여유가 좀 있는 것이 좋아. 그래야 넣 고 빼기도 쉽고 정리하기도 편하거든. 현재도 책꽂이에 자리가 없어서 책상에 책을 쌓아놓았던 거 아니야?"

"맞아요."

"너뿐만 아니라 대부분 학생들이 보지도 않는 책들을 책장에

꽉꽉 채워두지. 책장 다이어트를 좀 해. 1년 이상 보지 않았던 책들은 앞으로도 볼 일이 없을 거야. 버릴 건 버리고 동생 줄 것들은 주고, 중고로 팔 수 있는 책들은 팔아서 용돈도 벌고 말이야. 분명 지금 책장에 있는 책들 중에서 절반 이상은 필요 없는 책들일 거야.”

공부방을 정리하다 보면 처음에는 청소라고 여겨지다가 점점 마음을 정돈하는 일이라는 생각이 든다. 필요 없는 것들을 내다 버리고 오래 묵은 먼지들을 치우면서 ‘그동안 내가 너무 성의 없게 공부를 했구나. 매일 해야 할 공부는 미루고 급할 때만 벼락치듯 공부를 해왔구나’ 싶어지는 것이다. 매일 그날의 공부를 열심히 하는 사람은 책상에 먼지가 쌓일 겨를이 없다. 책장에 어떤 책이 어디에 꽂혀 있는지 눈에 선하며 언제라도 내 안식처 같은 공부방에서 필요한 공부를 시작할 수 있다.

“집에 오면 내 방에 들어가고 싶고 책상을 보면 앉고 싶은 마음이 들어야 해. 다른 곳에서 공부를 하다가도 내 방, 내 책상 생각이 나야 하고 말이야. 그래야 지속적이고 안정감 있는 공부를 할 수가 있어. 아무리 학교 자습실이 좋고 독서실이 좋다고 해도 일시적인 사용일 뿐이지 앞으로 수년 동안 이어가야 할 공부를 전적으로 집 밖에서 해결할 수는 없잖아.”

“하긴, 떠돌이 공부도 한계가 있긴 해요. 남들 신경 안 쓰고 하루 종일 내 마음껏 공부할 수 있는 곳은 집밖에 없기도 하고요.

“그동안 내 방을 창고 취급해왔다면 내 일상이 밖으로 나돌았다는 의미야. 당연히 공부도 띄엄띄엄 했겠지. 내 방을 정돈하고, 책상을 정돈하는 일은 내 일상을 다시 매일의 공부로 채우겠다는 다짐과도 같아."

새로운 생활이 시작되는 중1은 무엇이든 새로운 습관을 만들기에 좋은 학년이다. 내 방, 내 책상을 소중히 여기며 나만의 공부를 시작해보자. 안정된 학습 환경에서 탄탄한 공부가 뿌리내릴 수 있을 것이다.

실천 사례 자기 전 책상 정리로 매일 공부 점검해요

저는 올해 서울대학교에 입학했습니다. 후배들이 공부 잘하는 비결이 뭐냐고 물으면 저는 매일 한결같은 학습 태도를 유지하는 거라고 답해요. 공부하기 정말 싫은 날도 최소한의 긴장은 하려고 노력하죠. 그걸 가능하게 하는 것이 잠들기 전 책상 정리입니다.

저는 그날 공부를 마치고 잠들기 전에 책상 정리를 했어요. 처음에는 그냥 다음날 가방을 챙기기 위해 필요한 책들을 가방에 넣는 것으로 시작했는데 하다 보니까 자연스럽게 정리가 되더라고요. 정리를 하다 보면 그날 공부한 것들이 떠오르고 다음날 공부할 것들도 미리 생각해보게 되거든요. 다음날 아침에 일어나서도 깨끗한 책상을 보면 뿌듯해요. 오늘 하루도 열심히 해야겠다는 마음도 들고요. 공부를 안 한 날에도 책상 정리는 하고 잤어요. 그런 날은 책상 위에 책은 없고 체육복 같은 것들

만 뒹굴었죠. 책상을 치우는 동안에는 '오늘은 뭐 하느라 공부를 못했지? 내일은 더 열심히 해야지' 하는 생각이 들어요.

자기 전 책상 정리를 꼭 실천해보세요. 습관이 몸에 익으면 귀찮다는 생각이 전혀 들지 않는답니다. 책상이 나도 모르게 지저분해지는 것도 막을 수 있고요. 일이 분 남짓이지만 여러분의 공부에 정말 큰 역할을 하게 될 거예요.

학원 선택에서 가장 먼저 고려해야 할 것은 나와 잘 맞는 학원을 고르는 것이다. 학원의 운영 방법이나 선생님의 수업 방식이 나와 맞지 않을 수도 있기 때문이다. 그 지역에서 오랫동안 신뢰를 받아온 학원을 선택하되 직접 방문하여 원장님과 나를 가르칠 선생님을 만나보자. 학원 주변 환경은 물론 전체적인 분위기를 살펴 편안하고 즐거운 학원인지도 확인해야 한다.

사교육
제대로 활용하기

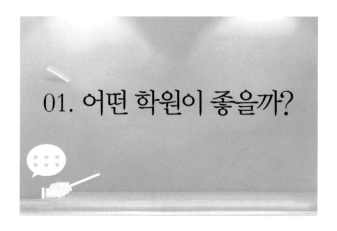

01. 어떤 학원이 좋을까?

    초등학교 때까지는 동네 보습학원에 다니다가 중학교 가면서 큰 학원으로 옮기는 것이 대부분 중1들이 학원을 택하는 모습이다. 이처럼 공부가 어려워질수록 큰 학원으로 가야 하는 걸까? 학원 선택에서 가장 먼저 고려해야 할 것은 '나와 잘 맞는 학원'을 고르는 것이다. 학원의 운영 방법이나 선생님의 수업 방식이 나와 맞지 않을 수도 있기 때문이다.

    나와 잘 맞는 학원을 고르는 방법은 그 지역에서 오랫동안 신뢰를 받아온 학원을 선택하는 것이 좋다. 또한, 가급적 학원을 직접 방문하여 원장님과 나를 가르칠 선생님을 만나보는 것이 좋다. 공부하는 환경과 분위기도 학원을 선택하는데 매우 중요하다. 그러므로 학원 주변 환경은 물론 전체적인 분위기를 살펴 편안하고 즐거운 학원인지도 확인해야 한다.

📖 나와 맞는 학원이어야 한다

친구들이 모두 다니는 유명한 학원이라 해서 나에게도 좋은 건 아니다. 큰 학원은 프로그램도 다양하며 아는 친구들도 많아 선택에 부담이 없기는 하다. 하지만 큰 학원들의 특징은 수준별로 반을 나누어 수업을 한다는 것이다. 학원에서는 매월 시험을 보며 반 편성을 다시 하고 경쟁을 유발하는데 학생들은 그 '월평(월말 평가의 준말)'에 자존심을 건다. 시험을 못 보면 반 등급이 떨어지고 다른 친구들도 모두 그 사실을 알게 되니 학교 시험보다 더 신경이 쓰이는 것이다.

기질 상 경쟁이 학습 동기 자극에 긍정적인 영향을 주는 아이들도 있다. 그냥 열심히 하는 것보다 점수로 내 수준을 확인하며 구체적인 목표 의식이 생기는 것이다. 하지만 그렇지 않다면 이러한 학원 시스템은 스트레스 자체다. 선생님께 혼날까봐 학원에 들어가지 못하고 계단에 앉아 숙제를 하는 아이가 있는가 하면 A반에서 B반으로 떨어졌다고 우는 경우도 있다. 어느 정도의 긴장감은 필요하겠지만 학원에서 하는 공부보다 학원 다니는 것 자체에 더 신경이 쓰인다면 학원 선택을 다시 하는 것이 좋다.

성격 차이는 의지나 시간으로 극복할 수 있는 것이 아니다. 학원의 성격이 나와 맞지 않는다면 아무리 크고 유명한 학원이라도 내게 소용이 없다.

📖 아이들 표정, 선생님 표정을 살피자

어느 학원이 좋을지를 생각하며 학생들이 가장 신뢰하는 정보는 친구들의 '증언'이다. 한두 가지 이유로 무조건 좋다거나 무조건 나쁘다고 말하는 아이들도 있으니 여러 명에게 물어 구체적인 이야기를 들어보는 것이 좋다. 그래도 남의 말만 듣고 내가 다닐 학원을 선택할 수는 없는 일이다. 친구들의 경험담을 통해 두 곳 정도 후보를 정하고 직접 찾아가보자. 전화 상담으로는 학원의 분위기를 파악할 수 없다.

학원을 처음 방문할 땐 보통 엄마와 함께 가지만 혼자 가도 상관없다. 간혹 학생이 혼자 가면 불친절하거나 무시하는 태도를 보이는 학원들도 있는데 그런 학원은 바로 탈락이다. 학원에 가면 원장 선생님이나 부원장님과 상담을 하게 된다. 큰 학원의 경우 입학 상담만 담당하는 실장님을 만나기도 한다. 누구와 상담을 하든 학원 커리큘럼은 비슷할 테니 적당히 들으면 된다. 초점을 두어야 할 것은 학원 전체에서 풍기는 분위기다.

이것을 파악하는 데는 나만의 '촉'이 발휘되어야 한다. 학원 가는 길과 학원 주변 환경은 물론 청소 상태는 어떤지, 벽에는 어떤 게시물이 붙어 있는지, 화장실은 위험하거나 불편하지 않은지 등 스치며 지나가는 동안에도 이것저것 유심히 살펴보사.

무엇보다 중요한 것은 학원에 있는 사람들의 표정이다. 선생님과 아이들 사이가 편안하고 즐거워보이는가? 선생님들이 수업하는 어투는 어떤가? 쉬는 시간에 아이들은 무얼 하는가? 내가 저 아이들 속에서 공부를 해도 괜찮겠는가? 이 모든 걸 포함해 상담하는 내내 편안하고 즐거웠다면 그 학원은 좋은 학원이다. 그렇지 않다면 다른 학원을 알아보자.

📖 신설 학원보다 그 지역에서 신뢰받는 학원이 좋다

요즘은 학원도 프랜차이즈 시대다. 교육열 높은 동네에서 크게 성공한 학원이 여기저기 분원을 내다가 아예 가맹 학원을 모집해 전국으로 뻗어나가는 것이다. 이름 있는 학원이 집 근처에 개원을 한다면 관심을 안 가질 수 없다. 아마도 학생들은 친구들과 함께 학원 구경도 할 겸 설명회와 공개 강의에 참석도 할 것이다. 텔레비전에서도 몇 번 봤던 본원 원장이 학원 커리큘럼을 설명하고, EBS 강사급의 대표 강사가 공개 강의를 하니 쏙 빠지지 않고 배길 학생이 몇이나 될까?

시설과 인테리어도 동네 학원과 비교할 바가 아니다. 하지만 학원은 치킨집이 아니다. 치킨은 본사에서 보내준 식재료에 본사에서 교육받은 대로 똑같이 조리를 해서 전국 어디나 같은 맛이 날 수도 있겠지만 학원은 그렇지 않다. 본원과 똑같은 교재를 쓰고 본원에서 교육한 선생님들을 파견한다고 하지만 성공한 본원처럼 똑같은 효과가 나타나는 건 아니다. 교육의 핵심은 사람이기 때문이다.

가르치는 사람도 배우는 사람도 본원과는 다르다. 집 근처에 그럴듯한 새 학원이 문을 열었다고 해서 덜컥 등록을 하지는 말자. 물론 처음에는 수강료 할인, 교재 값 무료 등 여러 가지 혜택들이 있을 것이다. 그래도 한 학기 정도는 지켜보자. 아무리 경력이 많은 원장님이라 해도 처음 학원 문을 열면 여러 가지 시행착오를 겪기 때문이다. 학생 모집과 선생님 관리, 엄마들과의 기싸움, 운영 자금 확보 등 여러 가지 문제를 해결하고 그 지역에서 괜찮은 학원으로 인정받기 위해서는 상당히 많은 시간이 필요하다.

이미 그 과정을 다 거쳐 오랫동안 신뢰를 유지하는 학원이 있다면 그 학원을 선택하는 것이 현명하다. 내가 초등학교 다닐 때 우리 동네 중학생들은 어떤 학원을 다녔는가? 그 학원이 지금도 있는가? 원장님이 바뀌지 않고 정상적인 운영이 계속되고 있다면 그런 학원이 좋다. 오랫동안 그 자리에서 아이들을 가르치며 인근 중학교의 기출문제며 출제 경향 등을 학교 선생님들보다 더 잘 알고 있을 테니 말이다.

학원은 내 공부를 즐겁고 편안하게 만들어주는 곳이어야 한다. 그럴듯한 교재나 선생님의 이력에 초점을 맞추지 말자. 내가 저 학원에 다니면 무엇을 얻을 수 있을지를 고민해야 한다.

저는 초등학교 4학년 때부터 수학 학원에 다녔습니다. 그 전에는 학습지로 공부를 했고요. 저학년 때는 수학이 별로 어렵지 않았고 엄마랑 공부를 했으니까 스트레스 받을 일도 없었어요. 그런데 학원에 갔더니 매일 어려운 문제만 풀고 학원 선생님도 너무 무서웠습니다. 수학이 점점 싫어지고 매일 울면서 학원에 가지 않겠다고 했어요. 결국 학원을 끊고 그 후로는 수학 공부를 거의 하지 않았습니다.

중학교 올라가면서 엄마는 다시 한 번 학원에 가보자고 했습니다. 저도 중학교 공부가 걱정되어서 엄마 말대로 했어요. 하지만 학원에 적응할 수 있을지 자신이 없었습니다. 시험을 자주 보는 학원은 생각도 안 했고 소규모로 개인별 수업을 하는 학원을 찾았습니다. 다행히 선생님이 아주 좋았어요. 내 상황을 잘 아시고 편안하게 가르쳐 주셨습니다. 할 수 있는 만큼만 꾸준히 하면 된다며 걱정하지 말라고 격려도 해주셨어요. 숙제도 내 수준에 맞는 문제들로 내가 할 수 있는 만큼만 내주셨습니다. 다른 친구들만큼 진도가 빠르지는 않았지만 그래도 수학 공부를 다시 할 수 있게 되니 자신감이 생겼습니다.

초등학교 때도 반 토막 하던 수학이었는데 중학교 와서는 오히려 80~90점을 받았습니다. 어떤 학원을 다니느냐보다 어떤 선생님을 만나느냐가 더 중요한 것 같습니다. 학원을 고를 때는 나를 가르칠 선생님을 직접 만나보세요. 가능하면 잠깐이라도 수업을 들어보고 선택하는 것이 좋습니다.

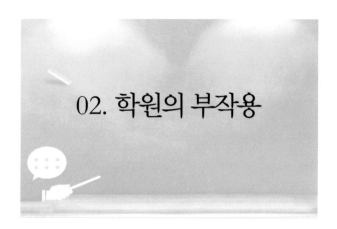

02. 학원의 부작용

　5월은 중1, 고1의 상담이 가장 많은 때다. 상급 학교 진학 후 첫 시험을 보고 나니 혼란과 걱정이 많아지는 탓이다. 중1 상일이는 시험 기간에 몰아치는 학원 숙제에 정신이 하나도 없었다.

　"평소에는 숙제가 별로 안 많았거든요. 그럭저럭 할 만했는데 막상 시험이 다가오니까 숙제를 엄청 많이 내주는 거예요. 그래서 완전히 죽을 뻔했어요."

　"시험 끝나고 나서는 다시 숙제가 줄어들었니?"

　"네, 줄어들었어요."

　하지만 태풍이 지나간 듯 상일이의 학습 의욕은 너덜너덜해져버렸다. 시험 후 다시 공부를 시작하기도 어렵고 학원 가는 것도 예전만큼 기대가 되지 않았던 것이다.

　"이렇게 대충대충 학원에 다니다가 다시 기말고사 볼 때 되면, 또 프린트 폭탄이 떨어지겠죠."

학원의 부작용은 공부 잘하려고 다니기 시작한 학원이 오히려 공부에 방해가 되는 것을 말한다. 상일이가 겪고 있는 상황이 바로 학원의 부작용이다. 학원 숙제 하느라 바빠서 학교 숙제는 뭐였는지 생각도 안 나고 학원 안 다니는 다른 과목은 공부를 전혀 하지 못한다. '해야 되는데'라는 생각은 있지만 몸은 따라주지 않고 시험이 다가와도 '학원에서 어떻게 해주겠지 뭐' 하며 멍해지는 것이다.

중1은 아직 스스로 공부하는 힘이 생기지 않은 상태여서 학원 공부에 휘둘리기 쉽다. 스스로 공부하는 재미와 방법을 터득하기 전에 학원부터 다니기 시작하면 십중팔구 학원 부작용을 경험한다. 하지만 많은 학생들이 초등학교 때부터 중등반에 등록하고 선행 학습과 시험 대비로 이어지는 학원 프로그램에 잠시도 숨 돌릴 틈을 찾지 못한다.

그러면서도 학원을 안 다니면 그나마 겨우 하는 공부도 안 할 것 같아 학원을 그만두지도 못하는 것이다. 이렇게 학원 부작용은 점점 학원 의존증으로 확장된다.

"학원은 언제부터 다녔니?"

"중학교 입학하면서부터요."

"그래도 학원 공부 덕분에 시험은 잘 봤잖아?"

"학원에서 한 거는 유인물 복사해주고 채점한 것밖에 없어요."

"그래도 네가 숙제를 성실히 해서 공부가 된 거야. 그 학원 다니는 애들이 다 시험을 잘 본 건 아니니까. 그럼 학원 안 다니고 혼자 공부를 할 수 있겠니? 문제집 여러 권 사서 학원에서 하는 것처럼 풀면 되지 않겠어?"

"그럴까요?"

상일이는 비교적 학원을 다닌 기간이 짧아서 학원 부작용에 대한 판단이 빨랐다. 상일이처럼 학원 부작용을 느낀다면 학원 공부를 점검해보기 바란다. 혼자 공부를 해보거나 학원 공부가 필요한 상태라면 나의 공부 흐름이 깨지지 않는 범위에서 다닐 수 있는 학원으로 옮기는 것이 좋다.

📖 학원 공부 점검표

• 다음 항목을 참고하여 나의 학원 공부를 점검해보자.

학원 다니는 과목은?	수학
왜 다니는가?	중학교 수학은 어려울 것 같아서
학원 공부에 점수를 준다면?	60점
이유는?	숙제가 너무 많아 힘들다. 다른 공부를 할 수가 없다.
그럼 어떻게 할까? ① 다른 반으로 바꾼다 ② 다른 학원으로 옮긴다 ③ 한 달 정도 쉬어본다 ④ 학원 끊고 혼자 공부한다	
왜?	학원에서 배우는 것이 별로 없는 것 같다

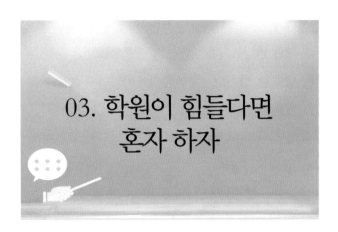

03. 학원이 힘들다면 혼자 하자

"숙제가 너무 많아요."

"학원 갔다 오면 아무 것도 못 해요."

"선생님이 무서워요."

이런저런 이유로 학원 다니기를 힘들어하는 학생들이 많다. 학원 다니기를 좋아하는 학생들이 어디 있겠냐마는 특히 중1들은 초등학교 때까지는 학원을 다니지 않다가 중학교 입학하면서 학원을 다니는 아이들도 있고, 초등학교 때 학원을 다녔더라도 초등반과 중등반의 분위기가 확연히 다르기 때문이다.

상일이도 지난 중간고사 때 유인물 폭탄에 질려버려서 학원을 끊기로 했다. 엄마는 혼자 어떻게 공부할 거냐며 걱정을 했지만 상일이는 그 숙제를 다시는 하고 싶지 않았다. 어차피 문제 풀러 학원 갈 거면 혼자서도 할 수 있겠다는 생각이 들기도 했다.

"엄마한테 큰소리 쳐놓기는 했는데요. 당장 내일부터 어떻게 공부해야 할지 하나도 모르겠어요."

현실은 냉혹한 법이다. 유인물 풀라고 던져주기만 하는 학원 선생님은 아무것도 하는 일이 없다고 생각했었는데 혼자 공부하려고 책상에 앉으니 어떤 책을 어디서부터 얼마나 풀어야 할지 눈앞이 깜깜한 것이다.

"처음에는 학원에서 하던 대로 하는 게 편할 거야. 공부하는 시간도 학원 가는 시간이랑 똑같이 하고 책도 학원에서 쓰던 걸로 계속 봐. 학원 교재라서 해설지가 없는 경우도 있는데 그럴 때는 집에서 풀던 문제집으로 하고. 학원에서는 학교 수업보다 진도가 빨리 나갔었지?"

"네, 빨리 나갔어요."

"그럼 학원 진도에 이어서 공부를 해나가면 돼. 혼자서 선행학습을 하는 셈이지. 개념을 읽고 이해가 되면 기본문제 정도는 어렵지 않게 풀 수 있을 거야."

만약에 '학원을 끊고 혼자 해봐야지'라고 마음을 먹었다면 다음 시험을 목표로 삼는 것이 좋다. 그래야만 혼자 공부를 한 경우는 물론 학원의 도움을 받은 경우의 학습 효과를 비교할 수 있기 때문이다.

"기말고사까지 이렇게 공부해봐. 시험 때가 되면 어려운 문제 중심으로 다시 복습하고."

"잘할 수 있을까요?"

"혼자 하는 공부에 도전한 것만 해도 이미 잘한 건데 뭐. 성적이 지난번이랑 비슷하기만 해도 성공 아니겠어? 앞으로 기말고사까지는 값진 경험을 쌓는다고 생각해. 기말고사가 끝나면 여름방학이고 다음 학기는 자유 학기잖아. 그러면 시험 부담이 없으니까 혼자 공부를 이어가기가 훨씬 좋을 거야."

혼자 공부하는 학생들은 '다른 애들은 학원 가서 공부하는데 나는 혼자 한다'는 긴장감 때문에 훨씬 더 진지하게 공부한다. 그래서 스스로 느끼는 만족감도 크며 성적도 오르는 것이다. 학원이 주는 스트레스가 눈물이 날 만큼 크다면 혼자 공부를 해보자. 중1은 서툴지만 실수하며 배워야 할 시기이기도 하다. 하다보면 요령이 생긴다. 선생님 눈치 안 보고 내 마음대로 공부하는 것이 얼마나 편한 것인지 그 자유로움을 누려보자. 공부하면서 '혼자 하니까 좋구나'라는 느낌이 든다면 잘하고 있는 것이다.

04. 독서실에서 공부하기

    중1에게 독서실이란 한 번쯤 가보고 싶은 곳이다. 초등학교 때는 돈 들여 독서실 갈 만큼 공부할 게 많지 않았고 왠지 교복 입은 중고생들만 가는 곳 같아서 맘 놓고 가지 못했던 곳 아닌가? 독서실에 가면 왠지 공부가 잘될 것만 같기도 하다. 친구와 독서실에 다녀온 예성이는 놀이터라도 다녀온 듯 즐거워했다.

    "우리 집 앞에 있는 청소년 도서관은 큰 교실 정도 크기인데 책상이 백 개도 넘게 들어가 있거든요. 그런데 독서실은 완전 좋아요. 한 방에 서너 명 밖에 안 들어가고요. 책상도 되게 커요. 내 자리만 불을 켜니까 집중도 잘되는 것 같고요. 완전 조용해서 숨도 못 쉬겠어요. 독서실에 비하면 청소년 도서관은 아무 것도 아니에요. 애들 막 뛰어다니고 아휴."

    독서실에 처음 간 날은 우선 그 깔끔한 시설과 조용한 분위기에 정신이 팔린다. 출입 카드와 자리 배정 등 복잡한 절차를 거치다 보면 무언가 굉장히 대단한 걸 하고 있다는 느낌이 드는 것이다.

"공부는 많이 했어?"

"가져가기는 많이 가져갔는데요, 학원 숙제만 조금 하다 왔어요."

넓은 책상에 내 자리만 비추는 조명, 책장 넘기는 소리도 부담스러울 만큼 고요한 환경에서 공부를 조금밖에 못했다는 것은 이상한 일이다. 하지만 많은 학생들이 공부하러 독서실에 가서 기대만큼 공부를 하지 못하고 돌아온다. 왜 그럴까? 독서실은 그냥 간다고 해서 공부가 저절로 되는 곳이 아니기 때문이다.

독서실에 가기 전에 무엇을 얼마나 어떻게 공부해야 할지 충분히 계획해야 하며 하루 종일 독서실에서 사는 것보다 짧은 시간 집중적으로 공부하는 것이 효과적이다. 앞으로 독서실 사용이 늘어날 중1들은 특히 독서실 활용법을 숙지해야 한다.

📖 집에서 가까운 곳이 좋다

친구 따라 쇼핑하듯 여기저기 독서실을 옮겨 다니는 학생들도 있는데 시설이야 어떻든 독서실 선택에서 가장 중요한 것은 집에서 가까워야 한다는 점이다. 독서실은 어디까지나 공부방의 확장이기 때문이다. 친구와 함께 다닌다거나 학교에서 바로 간다는 이유로 집과 거리가 멀어지면 결국은 독서실 가는 횟수가 줄어든다. 한번 가면 집에 들를 수 없으므로 식사와 간식을 밖에서 해결하게 되고 들고 다니는 책이 많아지며 집에 두고 온 유인물이나 노트 때문에 결국 제대로 공부를 못하게 되는 등 비효율이 반복된다.

독서실은 집에서 가까운 곳으로 가자. 편한 옷에 슬리퍼를 신고 갈 수 있는 곳이어야 하며 두고 온 책을 가지러 부담 없이 오갈 수 있어야 한다. 특별한 경우가 아니면 식사는 반드시 집에서 하도록 한다.

📖 독서실에서 할 공부를 구체적으로 정해야 한다

독서실에 내 자리가 생기면 하루 종일 앉아 있든 한 시간을 앉아 있든 같은 돈을 낸다. 하지만 본전을 뽑기 위해 하루 종일 독서실에 살아서는 안 된다. 공부는 집중과 효율로 하는 것이기 때문이다.

- 독서실에 가기 전에 무엇을 어떻게 공부할지 구체적으로 정하자. '수학 문제집 2장(40분), 국어 수행평가 책 읽기(30분)'처럼 예상 시간까지 고려한다.
- 한 번 독서실을 갈 때의 공부 시간은 두 시간을 넘지 않는 것이 좋다. 가방을 챙길 때도 꼭 필요한 책들만 들고 간다.
- 계획한 공부가 끝나면 집으로 돌아온다. 집으로 오는 길을

잠시 걸으며 기분 전환을 하고 집에서 간식과 식사를 해결한다.

• 공부가 더 필요하면 그 다음 공부할 것을 챙겨 다시 독서실로 간다. 마찬가지로 한두 시간 내에 해결 가능한 공부 분량이어야 한다.

이렇게 해야 눈앞의 공부에 집중할 수 있으며 계획한 공부를 마칠 수 있다. 중학생의 경우 매일 두 시간 정도 꾸준히 집중하면 복습을 포함해 충분한 공부를 할 수 있다. 중1들이 욕심 내야 할 것은 같은 시간 동안 해낼 수 있는 공부의 양이 많아지는 것이지 공부하는 시간이 늘어나는 것이어서는 안 된다.

📖 독서실에 짐이 많아지면 안 된다

고시생이나 재수생 등 독서실에서 살다시피 하는 사람들의 책상은 가관이다. 방석과 물병, 칫솔, 치약을 기본으로 낮잠용 쿠션과 독서대, 무릎담요, 휴지 등이 죄다 쌓여 있는 게 아주 대단하다. 하지만 이런 걸 따라하면 안 된다. 독서실은 편하자고 가는 것이 아니기 때문이다. 독서실은 정해진 공부만 하는 곳이어야 한다. 양치질, 낮잠, 용변 등 웬만한 볼일은 한두 시간 집중하고 집에 돌아와서 해결하도록 하자. 마치 제한 시간 후 독서실이 폭발이라도 할 것 같은 마음가짐이어야 한다.

평소 공부를 위해서는 독서실보다 공공 도서관이 더 낫다. 시끄러워서 싫다는 아이들도 있는데 중고생들이 몰리는 시험 기간에만 도서관에 갔던 아이들이 하는 말이다. 평소에는 청소년보다 성인들이 더 많아 공부 분위기가 괜찮다. 오히려 성인들의 민원으로 청소년실과 성인실을 구분하는 도서관이 생겨날 정도다. 대학생, 직장인, 노인에 이르기까지 다양한 사람들이 공부하는 모습을 보는 것만으로도 훌륭한 체험 학습이다.

책상을 지나치면서 보이는 두꺼운 전공 서적, 깨알 같은 수험서, 빈틈없는 노트들은 내 공부를 더욱 진지하게 만든다. 어두컴컴한 독서실과 달리 밝고 열린 공간이라는 점도 좋고, 내 자리가 정해지지 않아 짐을 쌓아둘 수 없다는 점은 공부를 간편하게 만든다. 무엇보다 돈이 들지 않으니 구체적인 공부 계획만 잘 세운다면 독서실을 갈 이유가 없다. 한두 시간 집중 공부를 하는 평소에는 공공 도서관을 이용하고 공공 도서관이 시끄러워지는 시험 기간에는 2주 정도만 집에서 공부하거나 독서실을 이용하면 적당하다.

학교 도서관, 공공 도서관 활용하기

하루 한두 시간 집중하는 공부라면 학교 도서관이나 공공 도서관을 이용하는 것도 좋다. 대부분 학교들은 도서관이나 자습실을 개방하여 방과 후에도 이용할 수 있도록 하고 있지만 아이들은 도서관에 남아서 공부를 하지 않는다. 친구들과 함께 하교하지 않고 유난스럽게 공부하는 티를 내는 것이 싫기 때문이다(중학생이라 그렇다. 고등학생이 되면 내 공부를 먼저 챙긴다).

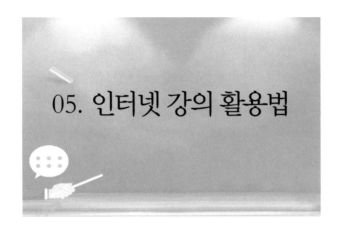

05. 인터넷 강의 활용법

    인터넷 강의는 시간과 비용을 절약할 수 있는 사교육으로 학년이 올라갈수록 그 활용도가 커진다. 선택의 폭이 넓고 학습자의 주도권이 큰 만큼 구체적인 학습 계획을 세우는 것이 무엇보다 중요하다. 스스로 하는 공부이니 수강 진도 욕심보다 제대로 공부하려는 의지가 필요하며 예·복습은 물론 수업 시간 집중 등 진지한 수업 태도를 유지하도록 하자.

📖 수강 계획 세우기

    인터넷 강의로 공부를 하는 아이들에게 어떻게 공부하느냐고 물으면 대단히 편안한 답이 나온다.
    "그냥 시간 날 때 하나씩 들어요."

"그럼 며칠씩 못 듣는 날도 있겠네?"

"네."

"그럼 수강 기한 안에 다 못 들으면 어떻게 해?"

"막판에 막 몰아서 하루에 두세 개씩 들어요."

공부는 인형 눈알 붙이기가 아니다. 그 강좌를 언제부터 언제까지 어떻게 들을지는 내가 결정한 대로 실천해야 하며 회사가 정해 놓은 수강 기한에 나의 공부를 맞춰서는 곤란하다.

수업을 선택했다면 그 수업을 어떻게 들을 것인지에 대한 계획을 세우자. 학원 등 일정을 고려하여 학원 수업이 없는 요일에만 인터넷 강의를 듣거나 주말을 활용하는 등 실천 가능한 날을 지정해야 한다. 그래야 '그냥 시간 날 때 하나씩 듣는' 막연함을 방지할 수 있다. '화·목·토에 한 강씩 들으면 다음 달 말에 이 강좌를 모두 다 들을 수 있다'는 식으로 최종 결과를 미리 예상해보는 것이 좋다.

📖 철저하게 예습하고 강의는 편하게 듣자

공부 초보 중1들이 인터넷 강의를 들으며 하는 가장 큰 실수는 강의만 열심히 본다는 것이다. 선생님의 설명을 잘 듣고 문제 풀이를 잘 따라가면 그 단원은 공부를 다 했다고 여기는 것이다. 하지만 그건 내가 한 공부가 아니라 선생님이 하는 공부를 구경한 것뿐이다. 선생님의 막힘없는 설명과 명쾌한 문제 풀이를 보니 마치 내 머릿속에서 그 모든 것이 이루어진 것 같다. 하지만 그렇지 않다. '아는 것'과 '익숙한 느낌'은 다르기 때문이다.

인터넷 강의는 수업 의존도가 낮아야 한다. 선생님을 직접 만날 수도 없고 질문을 할 수도 없기 때문이다. 따라서 강의를 듣기 전 예습하는 시간이 길어야 한다. 강의 계획표에 나온 그날의 진도만큼 교재를 읽고 문제를 풀며 공부하도록 하자. 이렇게 해야 선생님이 왜 그 부분을 강조하는지 의도를 파악할 수 있으며 잘 모르면서 그냥 넘어가는 일이 없다.

📖 모든 강의를 다 들어야 하는 건 아니다

인터넷 강의의 편리한 점은 선생님 눈치 보지 않고 빨리 듣기를 하거나 건너뛸 수도 있다는 것이다. 철저하게 예습을 하고 강의를 듣다 보면 꼭 수업을 듣지 않아도 될 것 같은 쉬운 단원을 만나기도 한다. 그럴 땐 강의를 듣지 않고 넘어가도 좋다. 인터넷 강의를 듣는 목적은 내가 그 과목을 공부하는 데 도움을 받기 위해서지 강의를 듣는 것 자체가 아니기 때문이다.

문제 풀이도 마찬가지다. 미리 문제를 풀어보며 헷갈리는 부분만 표시해 놓고 다른 부분 수업은 건너뛰면서 그 부분만 들으면 된다. 특별히 어려운 것이 없었다면 문제풀이 부분을 통째로 생략해도 좋다. 이렇게 하면 공부 시간을 줄일 수 있을 뿐 아니라 강의 건너뛰는 재미로 예습에 더 힘을 쏟게 된다.

📖 한 번에 하나씩 듣자

이렇게 예·복습, 문제 풀이까지 하다 보면 한 과목 듣는 것도 만만한 일이 아니다. 매일 한 강 듣는 것은 버거우며 학원 가듯 주 2~3회 정도만 해도 빠듯하다. 그러니 수강 신청을 할 때는 쇼핑하듯 여러 강좌를 클릭해서는 안 된다. 온라인 강의 사이트에서는 시험 특강이나 여름방학 패키지 등 여러 과목을 묶어 백화점 세일하듯 광고를 하는데 중1 수강자 입장에서는 불가능한 학습량이다.

꼭 필요한 과목 하나만 정해서 듣자. 한 과목에 집중해서 빨리 끝내고 다른 과목을 공부하는 것이 좋다. 꼭 병행해야 한다면 동시에 시작하지 말고 한 과목 공부가 충분히 익숙해진 후 두 번째 과목을 추가하자.

📖 유인물보다 시판 교재가 낫다

사용하는 교재도 강의 선택의 중요한 기준이 된다. 이미 내가 가지고 있는 책으로 진행되는 수업이 있다면 그 수업을 택하면 편하다. 수강자들에게 교재를 무료로 보내주는 경우도 있는데 공짜라고 무조건 선택해서는 곤란하며, 인터넷 강의가 끝난 후에도 수업 복습이나 시험공부를 하며 사용할 수 있을 만한 교재인지 고려해야 한다.

교재를 정하지 않고 선생님이 직접 만든 유인물로 수업하는 경우도 있다. 학생들은 집에서 해당 파일을 다운받아 출력하여 수업을 들으니 교재비가 들지 않는 장점이 있지만 매번 출력을 하기도 번거롭고 출력한 유인물을 정리해서 보관하기도 불편하다.

실제로 프린터에 잉크가 떨어졌다느니 종이가 없다느니 하는 이유로 출력을 하지 않고 화면에 자료를 띄워 놓은 상태에서 대충 수업을 듣는 경우도 많으며, 인터넷 강의를 운영하는 회사의 고객 센터에는 컴퓨터에 오류가 생겨 출력이 안 된다는 문의가 끊이지 않는다. 꼭 들어야 하는 수업이 아니라면 유인물로 하는 수업보다 시판 교재로 하는 수업을 택하자.

고등학교는 2~3년 후에 가는 것이지만 고등학교 입시에서 평가하는 내용은 중학 생활 전 과정이라는 점을 명심하자. 일반고등학교를 제외한 나머지 학교들은 원서를 써서 지원하여야 한다. 따라서 어떤 고등학교들이 있는지, 각 학교에서는 어떤 기준으로 학생들을 뽑는지, 1학년들이 염두에 두어야 할 점은 무엇인지 알아보는 것은 전혀 이르지 않다.

9장

1학년이 해야 할 진학 준비

어떤 고등학교들이 있나

우리 동네 고등학교를 탐색해보자

관심 학교의 전형 방법을 살피자

자기소개서의 항목은 중학 생활의 잣대

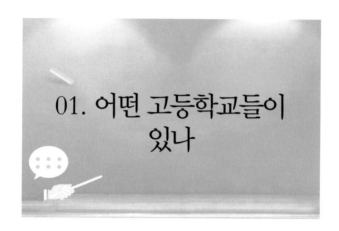

01. 어떤 고등학교들이 있나

　이제 1학년인데 벌써 고등학교 이야기를 하느냐는 독자들이 있을 수도 있겠다. 하지만 3학년들에게 입시 지도를 해보면 1, 2학년 때의 성적이 부족해 원하는 고등학교에 가지 못하거나 동아리 활동, 체험 활동 등의 선택에 일관성이 없어 자기소개서에 쓸 내용을 찾지 못하는 경우가 많다.

　고등학교는 2~3년 후에 가는 것이지만 고등학교 입시에서 평가하는 내용은 중학 생활 전 과정이라는 점을 명심하자. 일반고등학교를 제외한 나머지 학교들은 원서를 써서 지원하여야 한다. 따라서 어떤 고등학교들이 있는지, 각 학교에서는 어떤 기준으로 학생들을 뽑는지, 1학년들이 염두에 두어야 할 점은 무엇인지 알아보는 것은 전혀 이르지 않다. 먼저 어떤 고등학교들이 있는지 살펴보자.

고등학교 분류

일반고등학교	
특수목적고등학교	과학고등학교, 국제고등학교, 예술고등학교, 외국어고등학교, 체육고등학교, 마이스터고등학교
특성화고등학교	농생명산업계열, 공업계열, 상업정보계열, 수산·해운계열, 가사·실업계열
자율형고등학교	자율형공립고등학교, 자율형사립고등학교, 과학중점고등학교
기타	방송통신고등학교, 과학영재학교, 대안학교

📖 일반고등학교

우리 집 근처에서 흔하게 볼 수 있는 고등학교로 대다수의 학생들이 일반고에 진학한다. 다른 학교들과 달리 내가 학교를 골라 지원하는 것이 아니므로 입학을 위한 평가나 선발 과정은 없다. 3지망까지 원하는 학교를 쓰기는 하지만 추첨으로 배정되므로 어떤 학교에 가게 될지는 발표가 날 때까지 알 수 없다.

중학생들 사이에서는 진로 분야를 일찌감치 정해서 특별한 고등학교에 가는 것만이 성공적인 입시라고 생각하는 경향이 있는데, 중학생 시기에 자신과 미래에 대한 파악을 명확하게 하기는 매우 어렵다. 오히려 섣부른 진로 결정으로 다양한 기회를 잃을 수도 있으니 분명한 목적이 있는 경우가 아니라면 일반고등학교에 진학하여 탐색 기간을 충분히 갖는 것이 좋다.

📖 특수목적고등학교

줄여서 '특목고'라 불리기도 하는 특수목적고등학교는 특수 분야의 전문적인 교육을 목적으로 하는 고등학교로 과학, 외국어, 예술, 체육 등 특수하고 전문적인 분야를 미리 학생들에게 습득시켜 그 분야의 전문가를 조기 양성하는 목표로 설립된 학교다.

'특목고'라 하면 공부 잘하는 학생들이 가는 학교로 오해를 하는 경우도 많은데, 과고, 외고, 국제고 등 대학입시 성적이 좋은 학교들에 우수한 학생들이 몰려 나타나는 현상일 뿐 공부 잘하는 학교들을 따로 모아 특목고라 하는 것은 아니다.

과고, 외고는 물론 체고, 예고, 마이스터고도 특목고에 속한다. 마이스터고는 산업 수요 맞춤형 고등학교로 전문적인 직업교육 발전을 위해 산업 현장에서 필요로 하는 내용으로 교육과정을 운영한다. 최근 들어 대학을 졸업해도 취업하지 못하는 젊은이들의 비율이 늘어나자 고등학교에서 직업훈련을 쌓아 바로 취업을 할 수 있는 마이스터고의 인기가 높아지고 있다.

📖 특성화고등학교

특성화고등학교는 특정 분야 인재 및 전문 직업인 양성을 위한 특성화 교육과정을 운영한다. 2012년 이후 모든 전문계고가 특성화고로 통합되었다.

학과들의 명칭만 보아도 알 수 있듯 매우 구체적이며 광범위
하다. 특정 분야에 흥미와 소질을 갖고 있다면 특성화고등학교
의 진학을 고려해볼 만하다.

특성화고등학교 계열 분류 및 기준 학과

농생명산업계열	공업계열	상업/정보계열	수산/해운계열	가사/실업계열
식물자원과	기계과	경영정보과	해양생산과	조리과
동물자원과	전자기계과	회계정보과	수산양식과	의상과
산림자원과	금속재료과	무역정보과	자영수산과	실내디자인과
조경과	전기과	유통정보과	수산식품과	보육과
농업토목과	전자과	정보처리과	해양환경과	관광과
농업기계과	통신과	콘텐츠개발과	냉동공조과	간호과
식품가공과	컴퓨터응용과	전자상거래과	동력기계과	복지서비스과
농산물유통정보과	토목과	상업디자인과	항해과	미용과
환경·관광농업과	건축과	관광경영과	전자통신과	
생명공학기술과	디자인과	금융정보과	해양레저산업과	
	화학공업과		항만물류과	
	환경공업과		해양정보과	
	세라믹과			
	식품공업과			
	섬유과			
	인쇄과			
	자동차과			
	조선과			
	항공과			
	컴퓨터게임과			
	만화·애니메			
	이션과			
	영상제작과			

📖 자율형고등학교

자율형고등학교는 자율형공립고와 자율형사립고가 있으며 일반고등학교 중 과학중점고가 있다. 관련 법령에 따라 교장 임용, 교육과정, 학생 선발 등에서 자율성을 갖기 때문에 외국어 수업에 중점을 두거나 토론 수업, 특기 교육을 활성화하는 등 학교마다 운영상의 특징과 장점이 다르다.

과학중점고는 많은 면에서 자율학교와 유사하지만 기존 교육과정에 심화 편성된 과학, 수학 과목 수업을 진행한다. 자율학교의 일종인 농어촌자율학교는 농어촌 지역 학교의 교육 역량을 강화하기 위해 지정한 것이며, 광역 또는 전국 단위로 학생을 선발한다. 학교가 도심에서 떨어져 있는 만큼 학생은 대부분 기숙사 생활을 하게 된다.

공립고와 사립고의 차이는 수업 과정의 운영에서 차이가 나는데 자율형 사립고는 국민 공통 기본 교육과정의 50퍼센트까지를 자율적으로 지정 가능하지만, 자율형 공립고와 과학중점고는 35퍼센트까지 지정이 가능하다. 이외의 선택 교육과정은 자사고, 자공고, 과학중점고 모두 100퍼센트의 자율성을 부과한다.

자율형고등학교는 일반고등학교보다 수업료가 비싸다. 수업 운영의 자율성을 활용해 특화된 교육으로 인정을 받는 학교들도 있지만 일반고와 차이가 없다는 비판을 받는 학교들도 있기 때문에 자율고 진학을 희망한다면 주변의 평가에 주의를 기울여야 한다.

📖 기타 고등학교

방송통신고등학교는 고등학교 과정을 방송을 통해서 공부하고 학력을 얻는 교육기관이다. 건강, 경제, 탈선 등 여러 가지 사정으로 고등학교를 다니지 못한 학생들이 주로 지원한다. 따라서 학년은 같지만 나이는 다른 학생들이 모이며 수학여행이나 체험 학습, 동아리 활동 등 일반적인 고등학교와 다를 바 없는 학교생활을 한다.

과학영재학교에는 한국과학영재학교, 서울과학고등학교, 경기과학고등학교, 대구과학고등학교, 대전과학고등학교, 광주과학고등학교, 세종과학예술영재학교의 7개교가 지정되어 있다. 세종과학예술영재학교를 제외한 대부분이 과학고등학교에서 전환되었기 때문에 입시에서 편의상 과학고등학교에 포함시키는 경우가 많다. 과학 분야의 심화 교육을 한다는 점에서 과학고등학교와 비슷하지만 적용되는 법이 달라 학생이 모든 수업을 선택하는 등 수업 운영 및 모든 면에서 학교 특성에 따른 자율성이 크다.

대안학교는 공교육의 문제점을 보완하고자 학습자 중심의 자율적인 프로그램을 운영하도록 만들어진 학교다. 자연, 종교, 예술, 세계화 등 학교 설립의 취지가 뚜렷한 것이 특징이며 운영 또한 학생, 학부모의 적극적인 참여로 이루어지는 경우가 많다. 학력이 인정되지 않는 학교들도 있는데 이 경우는 학생이 검정고시를 따로 준비하여 고등학교 졸업 자격을 취득해야 한다.

02. 우리 동네 고등학교를
탐색해보자

앞에서 봤듯 우리나라에는 다양한 고등학교들이 있다. 현실
적으로 이 많은 고등학교들을 모두 알기는 불가능하다. 나에게
맞는 고등학교를 찾으려면 과연 어떻게 해야 할까?

고등학교의 탐색은 우리 집 근처에서부터 시작해야 한다.
어릴 때부터 뚜렷한 재능을 보인 경우가 아니라면 이제 막 초등
학교를 졸업한 중1들에게 분명한 진학 목표가 생기기는 어렵다.
설령 흥미가 있다고 해도 진학 목표는 계속해서 바뀔 수가 있기
때문에 어느 하나만을 기준으로 미리 고등학교를 정한다는 것
은 매우 위험하기도 하다. 그러므로 우리 동네에 어떤 고등학교
들이 있는지, 선배들은 어떤 학교에 다니고 있는지 살펴보는 것
만으로도 훌륭한 진학 준비가 된다.

Q. 저는 이번에 중동중학교에 배정받았습니다. 우리 학교랑 같은 재단에 중동고등학교가 있는데 시설도 좋고 공부도 잘해서 다들 그 학교에 가고 싶어 합니다. 저도 막연히 그 학교에 가면 좋겠다고 생각하고 있어요. 그런데 작년에 위층에 사는 형이 그 학교에 원서를 넣었다가 떨어졌습니다. 엄마 말로는 다른 학교랑 달라서 원서를 쓰고 합격을 해야 갈 수 있다고 합니다. 친구들 말로는 성적이 나쁘면 떨어진다고 하는데 정말 그런가요?

중1의 진학 준비는 질문한 학생처럼 아는 형, 근처 학교에 대한 관심에서부터 자연스럽게 시작된다. 이 학생의 말에 따르면 지금 다니는 학교와 같은 재단에 있는 학교이니 사립고등학교이고, 원서를 써서 합격해야 갈 수 있는 학교라면 일반고등학교는 아닐 것이다. 특목고나 특성화고가 아니라면 이 학생이 가고 싶어 하는 중동고등학교는 자율형사립고등학교라 할 수 있다.

학교 유형이야 어쨌든 관심 있는 고등학교가 있다면 그 학교의 홈페이지에 들어가보는 것이 가장 먼저 해야 할 일이다. 학교 홈페이지에서 입학 안내를 찾으면 지원 자격과 전형 방법 등을 자세하게 볼 수 있다. 자율형사립학교인 중동고의 전형 방법은 다음과 같다.

중동고의 전형 절차

성적 제한 없이 각 전형별 정원의 1.5배수 추첨 선발	➡	면접으로 최종 합격자 선발
1단계		2단계

성적 제한이 없다고 했으니 공부를 못하면 떨어진다는 것은 근거 없는 소문에 불과한 것이다. 추첨을 통해 1단계 선발을 거치면 면접을 보게 되는데 인기가 많은 학교라면 지원자가 많을 것이므로 다수의 학생들이 1단계에서 떨어지게 된다. 그렇다면 면접에서는 어떤 질문을 할까?

중동고의 면접 평가 내용

영역별 평가 요소	평가 내용	배점
자기주도학습 영역 (꿈과 끼 영역)	• **자기주도학습 과정** 학습에 대해 주도적으로 목표 설정 계획 후 학습 및 그 결과 평가까지의 전 과정과 그 과정에서 느꼈던 점	100점
	• **진로 계획 및 지원 동기** 본교의 건학 이념과 연계해 본교에 관심을 갖게 된 동기, 꿈과 끼를 살리기 위한 활동 계획과 진로 계획	
인성 영역	• **핵심인성요소에 대한 중학교 활동 실적** 자기소개서, 학교생활기록부 행동 특성 및 종합 의견 등에 기재된 봉사 · 체험활동을 포함한 배려, 나눔, 협력, 타인 존중, 규칙 준수 등에 대한 중학교에서의 활동 실적 등	
	• **인성 영역 활동을 통해 느낀 점** 중학교에서의 인성 영역 활동을 통해 배우고 느낀 점	

246

상당히 많아 보이지만 이 면접의 평가 내용은 모두 자기소개서에 쓰도록 되어 있는 항목들이다. 자기소개서는 원서 제출 시 함께 내는 것이기 때문에 면접 때 이야기할 내용들은 이미 학생이 충분히 생각했던 것이므로 갑작스러운 질문에 당황하거나 답을 몰라 쩔쩔매는 일은 벌어지지 않는다.

또한 자기주도학습 과정이나 중학교 활동 실적 등 진로 계획을 제외한 모든 내용은 중학 생활을 기반으로 하고 있어 고등학교 입시에서 중학교 3년이 얼마나 중요한지 다시 한 번 생각하게 된다. 1학년 때부터 성실히 학교생활을 해야 한다는 것이다. 공부는 물론 체험 활동, 교우 관계 모두 중요하다.

이렇게 학교 홈페이지만 들어가 보아도 많은 것을 알 수가 있다. 막연히 '그 학교에 가고 싶다', '나도 갈 수 있을까?', '위층 형은 떨어졌다던데 공부를 못했나?' 하며 공상에 빠질 일이 아니라는 것이다. 우리 집 근처의 고등학교, 관심 있는 고등학교들을 탐색해보자. 떠도는 소문이나 친구들과의 잡담으로는 불안만 키울 뿐 내 꿈이 커지지 않는다. 학교 홈페이지에 들어가 보고 더 궁금한 것은 메일이나 전화로 정확한 내용을 확인해보는 것이 중요하다.

축제나 설명회 등 학교에 가볼 수 있는 기회가 생기면 학교 방문도 해보자. 중학생을 대상으로 하는 캠프나 학교 탐방 프로그램 등을 운영하는 학교들도 있으니 직접 참여해보는 것도 좋다. 고등학교 진학 준비는 이렇게 시작된다.

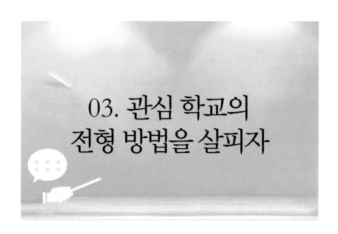

03. 관심 학교의
전형 방법을 살피자

관심 학교가 있다면 홈페이지를 들어가보자. 1학년들이 주의 깊게 살펴야 할 것은 지원 자격과 전형 방법이다. 성적, 봉사 활동 등 1학년부터 반영되는 내용이 있기 때문이다.

중학교 졸업 예정자라면 지원 자격에서 벗어나는 경우는 없지만 지역 제한이 있거나 조금 더 유리한 조건을 발견할 수도 있기 때문이다. 예를 들어 3자녀 이상 다자녀 가정의 자녀는 사회 다양성 전형 중 하나에 해당되므로 일반 전형의 높은 경쟁률을 피할 수 있다.

지원 자격을 살펴봤다면 전형 방법으로 넘어간다. 선발의 절차와 기준에 대한 것이므로 눈을 크게 떠야 한다. 대원외고와 하나고의 전형 방법을 예로 살펴보자. 대원외고는 외고의 특성에 맞게 영어 내신 성적과 출결 사항만으로 1단계 전형을 한다.

즉 영어 내신 성적이 나쁘면 면접관 얼굴도 못 본다는 말이다. 배점도 높아서 200점 만점 중 영어 내신 성적이 160점을 차지하고 면접은 40점이다. 출결 사항을 보기는 하지만 무단 결석 등 특별한 감점 사유만 없으면 된다. 그러니 외고를 목표로 한다면 중간, 기말고사의 영어 성적은 물론 영어 수행평가, 태도 점수 등 영어 점수라면 모두 만점을 받는 것이 중요하다. 다행히도 2~3학년의 영어 점수만 반영한다고 되어 있으니 1학년 동안은 연습 기간으로 보낼 수 있다.

전형 방법 예시 1 : 대원외고

가. 자기주도학습 전형 절차

영어 내신 성적 + 출결	➡	1단계 성적 + 면접
[1단계]		[2단계]

1) 1단계 : '영어 내신 성적(160점 만점) + 출결(감점)'(정원의 1.5배수 선발, 동점자 전원 선발)
    가) 영어 내신 성적 산출 방식

> 영어 내신 성적(160점 만점) = 중 2~3학년 4개 학기 영어 환산 점수의 합

2) 2단계 : '1단계 성적(160점 만점) + 면접(40점 만점)'으로 선발
    ※ 자기주도학습 전형의 면접 점수 산출 방식

> 면접 = 자기주도학습 영역(30점) + 인성 영역(10점)

하나고는 어떨까? 자사고인 하나고는 외고와 달리 전 과목 성적을 반영한다. 1학년 성적도 반영하는데 1학기만 제외하고 1학년 2학기부터 성적이 들어간다. 1학년 성적을 모두 제외했던

대원외고와 차이가 난다. 전 과목 점수를 모두 반영하기는 하지만 과목별 가중치가 있다. 주요 과목이나 기초 지식이 되는 국어, 영어, 수학의 가중치가 가장 높고 사회, 과학이 그 다음, 나머지 과목은 가중치를 두지 않는다. 즉 '국영수사과'의 성적이 중요하다는 것이다. 교과 성적을 반영하는 비율도 다른데 대원외고는 영어 성적의 배점이 높았지만 하나고는 100점 만점에 교과 성적이 40점, 서류와 면접이 60점이다. 즉 2단계의 심사가 더 중요하다는 말이다.

전형 방법 예시 2 : 하나고

가. 선발 방법

구분	1단계		2단계			총점
	교과 성적	출결	서류	면접	체력 검사	
점수	40	감점	30	30	전형위 심위	100

나. 전형 요소별 평가 방법
1) 교과 성적
1. 교과 성적은 1학년 2학기부터 3학년 1학기까지의 모든 교과 성적(성취도 점수)을 반영함
2. 학기별 내신 반영 비율

학기	1-2	2-1	2-2	3-1
반영 비율	10%	20%	30%	40%

3. 전과목 반영
- 전과목 반영을 원칙으로 하고, 가중치를 고려함

과목	국어	도덕	사회	수학	과학	영어	기술·가정	체육	음악	미술
기준치	5	1	3	5	3	5	1	1	1	1

두 학교만 살펴봤는데도 '아, 이렇게 성적 관리를 해야 하는 구나'라고 감이 잡힐 것이다. 이렇게 1, 2학년 성적이 필요하니 중3 때부터 입시를 생각하면 너무 늦다. 꼭 '1학년 2학기 때 놀지 말았어야 했는데'라는 식의 아쉬움이 터져 나오기 때문이다.

외고들은 대원외고와 대체로 비슷한 양상을 보이지만 과고나 다른 자사고들은 학교마다 전형 방법이 다르다. 해마다 조금씩 달라지기도 한다. 특별히 목표로 하는 학교가 없다면 여러 학교들의 특징을 비교해보고 나에게 유리할 것 같은 학교를 추리는 것도 좋은 방법이다.

어느 정도 성적이면 합격할 수 있을까?

성적으로 지원 자격을 제한하고 있는 학교는 거의 없지만 형편없다는 성적으로 합격을 기대하기는 힘들다. 학생들이 가장 궁금해하는 것은 '내 실력으로 합격이 가능할까?'다. 체험, 봉사 같은 교과 외 활동들은 나중에라도 얼마든지 채워넣을 수 있지만 성적은 그렇지가 않기 때문이다. 학교마다 차이는 있겠지만 경쟁률이 높은 학교에 합격한 학생들의 성적을 분석해보면 전국 상위 3~5퍼센트 정도다. 보통 대입에서 고등학교의 내신 성적 등급을 나눌 때 상위 4퍼센트까지를 1등급으로 보는데 중학교에서도 마찬가지로 생각하면 된다. 전국 성적을 비교할 기회는 없을 테니 전교 성적이 상위 4퍼센트(전교생이 300명이라면 12등 정도) 안에 든다면 1등급이다. 그 정도면 합격을 기대해볼 만하다. 앞에서 봤듯 학교별 반영하는 과목과 과목별 가중치가 다르므로 입시를 위해서는 과목별 성적 관리도 중요하다.

04. 자기소개서의 항목은 중학 생활의 잣대

　고등학교 입시는 2~3년 후에 치르지만 그때 필요한 것은 1학년 때부터 누적된 내용이다. 외고의 경우 학교 적응 시기임을 감안해 1학년 성적은 반영하지 않지만 하나고와 같이 1학년 2학기부터 성적을 반영하는 학교도 있다. 성적 반영을 하지 않더라도 봉사·체험 활동 등 교과 외 활동은 1학년부터 인정하므로 전략적이고 성실한 학교생활을 해야 한다. 여기서 학교생활의 방향성을 알려주는 것이 바로 자기소개서의 항목들이다.

　자기소개서는 특목고나 자율고 등 입시를 치르는 모든 고등학교들의 공통된 제출 서류다. 학교마다 질문의 내용은 조금씩 다르지만 대체로 중학교 시절 자기주도학습 과정, 지원 동기, 고등학교 진학 후 노력의 방향 등을 묻는다. 학교 홈페이지에서 내려받을 수 있으니 희망하는 학교가 있다면 들어가보자.

다음은 대원외고의 자기소개서 작성 내용이다.

대원외고 자기소개서 항목

1. 자기주도학습 과정

학습을 위해 주도적으로 수행한 목표 설정, 계획, 학습 그리고 그 결과 평가까지의 전 과정(교육과정에서 동아리 활동 및 진로 체험, 꿈과 끼를 살리기 위한 활동 및 경험 등 포함)을 구체적으로 기술하십시오.

2. 지원 동기 및 입학 후 활동 계획

본교의 특성과 연계해 본교에 관심을 갖게 된 동기와, 본교 입학 후 자기 주도적으로 본인의 꿈과 끼를 살리기 위한 활동 계획을 구체적으로 기술하십시오.

3. 졸업 후 꿈을 이루기 위한 구체적 활동 계획

본교 졸업 후 본인의 꿈을 이루기 위한 진로 계획 및 실현 방법에 관하여 구체적으로 기술하십시오.

4. 인성 영역

봉사·체험 활동을 포함한 본인의 인성을 나타낼 수 있는 개인적 경험 및 이를 통해 배우고 느낀 점을 구체적으로 기술하십시오(배려, 나눔, 협력, 타인 존중, 규칙 준수 중 택 1).

위의 1번부터 4번까지 항목을 구체적으로 기술하되,

가. 1, 2, 3, 4 항목의 내용을 <u>순서대로 빠짐없이 반드시 작성</u>
　　(미작성 항목의 경우 0점 처리)

나. 4개 항목 전체를 띄어쓰기 포함하여 1,500자 이내 작성(글
　　자 수는 평균적으로 배분하는 것이 좋음)

다. 면접 총점(40점)에서 4개 항목은 각각 10점씩으로 평가됨

　1학년들에게 이 내용대로 자기소개서를 쓰라고 한다면 제대로 쓸 수 없을 것이다. 2~3년 후에는 어떨까? 그때는 어떤 내용으로 채워져 있어야 바람직할까? 앞으로의 중학 생활은 내가 원하는 자기소개서의 내용과 같아야 한다.

　학습은 주도적으로 수행한 목표 설정, 계획, 학습의 과정으로 이루어지며 교과 외 활동에서는 배려, 나눔, 타인 존중 등 나의 인성이 드러나야 하는 것이다. 입시를 생각하지 않더라도 자기소개서의 항목은 성공적인 중학 생활을 위한 잣대라고 할 수 있다.

　진로 계획도 3학년 때 갑자기 쓸 수 있는 것은 아니다. 평소 관심 있던 분야나 1, 2학년 때 했던 활동과 연계하는 것이 가장 무난한데, 1학년 때부터 이러한 방향성을 가지고 같은 맥락으로 이어지는 동아리나 봉사 활동, 독서, 체험 학습 등을 선택하는 것이 좋다. 선택할 수 없는 단체 활동이라 해도 나의 관심 분야와 어떤 관련성이 있는지 생각하며 참여해야 한다.

예를 들어 초등학교 때부터 RCY 활동을 하며 봉사에 대한 관심이 많은 학생이라면 중학교 때도 RCY 활동을 이어가고, 학교에서 체험 활동을 위해 119 안전센터에 갔다면 심폐소생술이나 긴급 구조 요령 등을 익히며 '재난 구호 현장에 봉사 활동을 간다면 꼭 필요하겠구나'와 같이 연결점을 찾는 것이다.

이렇게 관심 분야를 통해 활동 영역을 넓히고 연결 짓다 보면 점차 어떤 활동을 더 해보고 싶은지, 어떤 분야의 공부를 하면 좋을지 진로의 방향이 잡힌다.

자기소개서 미리 써보기

자기소개서의 내용은 어느 날 갑자기 만들어 쓸 수 있는 것이 아니다. 자기 주도학습 과정, 진로 계획, 인성 등 모두 시간과 노력, 실천의 과정이 필요한 일이므로 평소에 이야깃거리를 만들어놓아야 한다. 자기소개서를 미리 써보는 것은 자기소개서의 완성도를 높이는 준비가 될 뿐 아니라 지금까지 얼마나 준비가 되었고 어떤 노력이 더 필요한지를 알게 해주어 도움이 된다. 1학년 때부터 방학마다 한 번씩만 써보면 충분하다. 우선 중학교 입학 전 겨울방학 때 한번 써보자. 어설프게라도 한번 써놓고 다음 여름방학 때 쓸 때는 이전 내용을 수정, 보완하며 발전시켜나가면 된다. 이런 과정을 통해 지속적이고 실제적으로 목표를 인지하며, 꿈을 이루는 구체적인 노력의 과정을 경험할 수 있다.

천재란

누구보다도 3배, 4배, 5배 공부하는 사람이다.